U0598854

"十四五"时期国家重点出版物出版专项规划项目

杰出人物的青少年时代 ［文库］

列宁

张新 —— 主编

刘娜娜　崔珺涵 —— 著

中国青年出版社

列宁

Ле́нин

1870年4月22日～1924年1月21日

　　列宁（原名弗拉基米尔·伊里奇·乌里扬诺夫），著名的马克思主义者，无产阶级革命家、政治家、理论家、思想家，苏联人民委员会主席（即苏联总理），苏俄和苏联的主要缔造者、布尔什维克党的创始人、十月革命的主要领导人。

　　列宁是他参加共产主义运动后的化名，他继承了马克思主义，并与俄国革命相结合创立了列宁主义，被全世界的共产主义者普遍认同为"国际无产阶级革命的伟大导师和精神领袖"，同时也是20世纪最有影响力和评价最具争议的人物之一。

前言

列宁的一生是光彩熠熠的一生，在家里他是个聪明勇敢的好孩子，在中学里他是个品学兼优并获得金质奖章的优秀毕业生。对他影响很大的哥哥因参加革命活动而被反动政府处以绞刑，列宁同样不惧怕反动派的屠刀，但他通过参与马克思主义小组认识到，哥哥采用的刺杀沙皇的方式是不可能达到解放人民的目的的。列宁通过马克思恩格斯学说的指引，找到了另一条道路——无产阶级革命。

从 17 岁参加革命活动起，列宁先后三次坐牢，两次被流放和长期被监视。多年斗争经验的积累让他充分意识到，在当时的沙俄是没有办法建立俄国社会民主党组织的。列宁在 30 岁这年出国，在国外克服重重困难建立了俄国社会民主党布尔什维克的国外活动基地。革命人永远是年轻的，我们在本书中回顾列宁从一个稚气孩童成长为无产阶级革命领导人的这一段人生历程，希望能为读者呈现一个更加立体和青春的列宁。

曾有俄罗斯的学者说过："在世界历史上很难找到第二个人像列宁一样，赢得人们那么多的赞许，也引起了那么多的责难，有那么多人追随他，也有那么多人背叛他，有那么多人为他辩解，也有那么多人批判他。而且不止是在俄罗斯，是在全世界。人们总想要忘掉他，但他总是又回来了。他总在直播中。列宁永远在线。"高尔基说列宁的思想像罗盘的指针一样，总是指向劳动人民的利益。大浪淘沙，留在人类历史汪洋海滩上的将是闪烁着耀眼光芒的水晶，那些纷纷扰扰的泡沫终将消逝无踪。列宁，作为世界上第一个社会主义国家的创立者，作为一名伟大的无产阶级革命家，永载史册。

目录

第一章

"乌里扬诺夫家所有的孩子都成了革命者"

列宁出生的啼哭与其他人别无二致，但特定的时代、社会和家庭因素共同造就了他，使他成长为一个革命领袖。列宁的家庭是沙皇俄国时代万千普通家庭中的一个，同时也是一个极不平凡的家庭，因为这个家里所有的孩子都成了革命者。不止列宁，他的姐姐哥哥和弟弟妹妹，都在俄国历史上留下了自己的革命事迹。然而把孩子们培养成革命者的父亲和母亲却都不是革命者。这让人不免好奇：他们是怎样的父母？这是一个怎样的家庭？

第一节　复活节的悦耳钟声

提起伏尔加河，首先浮现在你脑海中的是什么？是宽广辽阔的河面在阳光下泛着金色的光芒，抑或劳苦的纤夫喊着号子艰难前行？就像我们的黄河那样，俄罗斯人民称伏尔加河为母亲河。千百年来，伏尔加河滋润着沿岸数百万公顷肥沃土地，养育了俄罗斯数千万各族儿女。伏尔加河中北部是俄罗斯民族和文化的发祥地。在俄国的近代史上，伏尔加河流域是一个带有传奇色彩的地方。

1667 年春天，斯杰潘·季莫菲耶维奇·拉辛带领着一支 2000 多人的哥萨克起义军从顿河上游的潘申城出发，向伏尔加河挺进，发动了一场声势浩大的农民起义。导致这场起义爆发的最大原因是贵族和农奴矛盾的加剧。百余年后的 1773 年，伏尔加河流域再次燃起起义的熊熊烈火，又一个顿河的哥萨克人叶梅里扬·伊万诺维奇·普加乔夫发动起义，掀起了俄国历史上一次大规模农民起义。这两次大规模农民起义都在俄国历史上留下了浓墨重彩的一笔。

光阴荏苒，沧海桑田，又一个世纪过后，孕育了革命火种的热土诞生了一位无产阶级伟人，也就是本书的主人公——列宁。实际上，"列宁"这个名字是弗拉基米尔·伊里奇·乌里扬诺夫在 30 岁之后开始使用的化名，为了保密和革命事业的需要，他使用过很多化名，既有迈耶尔、彼得耶夫、卡尔波夫、伊万诺夫斯基这样"平平无奇"的名字，也有"自由人""列宁"这样别出心裁的笔名。在众多的化名和笔名中，"列宁"是弗·伊·乌里扬诺夫本人最喜欢、其他人最常称呼他的一个名字。久而久之，列宁这个名字就一直沿用下来。

1870年4月，伏尔加河及其支流斯维亚加河的宽广河面上不时发出"噼啪"的声音，那是开始解冻的冰块互相撞击的声音。经历了漫长的寒冬，流域开始迎来蓬勃的生机。在两条河的交汇处坐落着一座历史悠久的城市——辛比尔斯克。在1924年，人们为纪念列宁将其更名为"乌里扬诺夫斯克"，辛比尔斯克作为列宁的故乡而闻名遐迩。漫步在这座充满文化气息的美丽城市，随处可见列宁的印记，这里有列宁博物馆、列宁大街和列宁广场等。辛比尔斯克在17世纪的时候是一个军事要塞，沙皇下令在此修建了一座内城用于抵御来自游牧部落的侵袭。到19世纪，由于沙俄已经占领了西伯利亚和土耳其斯坦的广袤地区，辛比尔斯克逐渐失去了军事作用，变成了一个靠河的港口，逐渐发展成伏尔加河流域的一个重要的贸易城市。时钟拨回到1870年4月22日，漫长的冬季总算结束，辛比尔斯克的老老少少都赶去城外一个叫新皇冠的高地去观赏一年一度开河的景象，同一时间，嘹亮的婴儿啼哭声从城郊的斯特列茨街头的普利贝洛夫斯基院内响起。列宁波澜壮阔的一生从此开始。

紧接着，复活节到了。辛比尔斯克的29座教堂和两座修道院全天鸣响着愉快的钟声。根据东正教会的仪式，列宁的受洗仪式在4月28日举行。尼克尔教堂的神父从父母手中接过列宁，轻轻将他浸入水中，剪下婴儿头顶的绒毛，然后将其揉进一团蜡油里，放进圣水盘。

4 岁的列宁，摄于 1874 年

列宁的教父和教母面对各个方向吹气和吐口水，意为驱散一切不洁。受洗仪式完毕，教堂执事为我们留下了关于列宁的第一份资料：

> 小儿弗拉基米尔·伊里奇·乌里扬诺夫，出生于1870年4月22日，受洗于4月28日。
>
> 其父：六等文官伊里亚·尼古拉耶维奇·乌里扬诺夫；
>
> 其母：玛丽亚·亚历山大罗芙娜·勃兰克。
>
> 教父：四等文官阿尔谢尼·费多罗维奇；
>
> 教母：娜塔莉亚·伊万诺夫娜·阿乌诺夫斯卡娅。

在家人的关爱目光注视下，在复活节快乐的钟声中，列宁完成了受洗仪式。父母的喜悦发自内心，拥抱并爱着这个新生儿，他的到来让这个幸福的家庭更加温暖。

第二节 为教育事业献身的父亲

列宁的妹妹玛丽亚·乌里扬诺夫对列宁的外貌留下了这样的描述：在体格上，弗拉基米尔·伊里奇长得很像父亲。他继承了父亲的身材、高颧骨、脸型、略微上挑的眼角和宽阔的前额。他有父亲的活泼气质和真诚的笑容，他们有同样的品质和脾气——有毅力、有精力、能全心全意投身工作，有高度的责任感、远大的民主眼光和对别人的体谅。弗拉基米尔·伊里奇甚至继承了父亲发"r"声时轻微的喉音。

父亲和母亲是孩子人生中的第一任老师。列宁从懵懂无知的小孩成长为无产阶级革命事业的领袖，不免让人好奇他是在怎样的家庭氛围中成长起来，他的父母又是怎样培养他的。根据列宁的亲属、妻子等人留下的传记等记录，我们可以从一些回忆中看到列宁的父母和兄弟姐妹在列宁的一生中留下的印记。

列宁的父亲伊里亚·尼古拉耶维奇·乌里扬诺夫是当时沙俄的国民教育视察员，他是一个让人佩服的教育工作者，一个进步的民主主义知识分子。伊里亚·尼古拉耶维奇出生在阿斯特拉罕城，出生时家境贫苦，七岁时父亲（即列宁的祖父）过世。而他能够上学甚至一路大学毕业，首先归功于他的哥哥，即列宁的伯父瓦西里·尼古拉耶维奇。瓦西里也是求学若渴，但父亲的过世让这个本就贫困的家庭雪上加霜，留下体弱的母亲、年幼的妹妹和弟弟，同样年纪不大的瓦西里不得不放弃继续上学的愿望而扛起了养家的重担。在弟弟伊里亚中学毕业后，他开始鼓励并支持伊里亚继续念大学，直到大学毕业找到工作可以养活自己。为了供养弟弟妹妹，瓦西里一生未婚。瓦西里之于伊里亚，更像一个父亲，给予他无限的爱，成为他强大的后盾。亦兄亦父的瓦西里让伊里亚一生都充满感激。这样的兄弟情谊让人动容。

伊里亚顺利进入喀山大学继续学业，当时是沙皇尼古拉一世残暴统治的时期，在农奴制的国度，占社会少数的奴隶主和地主可以随意鞭打农奴，一旦惹得主人不高兴，农奴就会被流放到西伯利亚，过着叫天天不应、叫地地不灵的悲惨生活。奴隶们埋头苦干、谨小慎微地生活着，依然要承受主人随时随地的残暴压迫，他们像牲口一样被奴隶主和地主买卖，既没有人身自由也没有婚姻自由。大字不识一个的农奴和农民们在忍无可忍的时候会用"红火鸡"（也就是放火烧房子、烧农田）的方式反抗惨无人道的阶级压迫，但是，这些行动都是缺乏组织性的，因此无一例外遭到更大力度的镇压。在生活没有盼头而只有痛苦的时候，农民和农奴们只有两个选择：要么喝酒度日浑浑噩噩，要么深入密林落草为寇。当时的沙俄有一首流传很广的民谣是这样唱的：

在古老的时候，
生活困苦不堪，
有人离开了家乡，
逃往遥远的地方，
抛弃了故园，
离别了妻子，
为了寻找自由，
奔向伏尔加河的东岸。

当一个社会的大多数人过得如此凄惨的时候，所谓的"上层"人士中一些有良知的人也无法坦然度日，他们厌恶沙皇的专制统治，同情社会的劳苦大众。他们响应西欧的革命，呼吁实行言论、出版和集会自由，号召实行选举，宣传废除农奴制对于国家的重大意义等。这些宣传主张与沙皇要维持专制统治的目的针锋相对，因此，其中的先锋人物大多死于苦役和绞刑，如 1825 年十二月党人起义和 1848 年彼得拉舍夫斯基派案件等。很多参与过起义或者对革命、反抗曾抱有希望的军官、知识分子等也逐渐消沉，尤其在 1848 年席卷全欧的大革命之后，这种压迫更加深重了。尼古拉一世成了欧洲封建专制的排头兵，急不可待地驱使俄国士兵去镇压匈牙利革命。也许有同学会疑惑了：远在俄国的沙皇为什么要去管匈牙利的事情？这是因为但凡涉及维护封建专制统治这个核心利益，封建的统治者们就会充分发扬"团结友爱"的精神，他们不仅镇压本国的起义，还互相支援甚至直接派兵镇压邻国的革命起义。那时候，包括沙俄在内的欧洲各国的自由思想都遭到了压制，青年们只有在关系密切、互相信任的活动小组里才敢倾吐心声，他们轻轻吟唱被当局所禁止的歌曲来抒发反对封建、向往自由的惆怅心绪。后来，列宁和他的兄弟姐妹们在漫步森林和田野的时候听过父亲伊里亚唱这些歌曲。尽管没有走上革命道路，伊里亚和当时有良知的人一样，对沙皇专制深恶痛绝，后世关于列宁传记的所有作者无一例外评价他为追求民主的知识分子和爱国人士。我想这是对伊里亚比较全面和中肯的评价。

只有同伊里亚一样经历过那些暗无天日的压抑社会环境，才会对沙皇尼古拉一世的死和他儿子亚历山大二世继位后实行的改革而有切身的轻松之感。亚历山大二世继位后做的最大的改革就是废除了俄国存在已久的农奴制。但是，不要给他个人的执政添加滤镜，真正促使农奴制被废除的原因在于，一是俄国日益发展的资本主义工业需要自由劳动力，正如工业革命发家地的英国著名的"羊吃人"圈地运动；二是弥漫整个社会的不满情绪和各地此起彼伏的农奴暴动——了解了这些再听听亚历山大二世的话就更有体会了："要在人民还没有自下而上夺取自由的时候，赶快自上而下给他们自由。"

农奴的解放是一个重大的变革，全国都在狂欢庆祝，庆祝来之不易的、失去已久的自由。但是，狂欢的快乐持续了没有多久，人们很快清醒过来。第一个敲响警钟的是俄国伟大的革命民主主义者车尔尼雪夫斯基，他在28岁那年参加进步刊物《现代人》编辑工作，因从事革命活动，被沙皇宪兵逮捕。在狱中，他以笔为武器，于1863年写出了震惊全国的长篇社会问题小说《怎么办？》。车尔尼雪夫斯基这本小说的副标题叫"新人的故事"。他塑造了拉赫美托夫、薇拉等一批新人的典型。他们在与旧势力、旧习惯进行艰苦斗争的条件下成长起来，是面对社会黑暗知道应当"怎么办"的先进的革命民主主义知识分子。他们不仅有美好的理想，而且敢于为理想的实现而斗争。他们不是空谈家，而是行动者。小说的书名叫"怎么办？"，作者在书中确实提出了一系列面临抉择的社会问题：婚姻恋爱不自由怎么办？妇女不能自食其力独立工作怎么办？平民受压迫怎么办？要反对农奴制度怎么办？渴望造福于祖国和人民的人应该怎么办？等等。这些问题至今具有振聋发聩的功效。与此同时，作者又明确地告诉读者：沙皇专制统治是一切不平等的根源，唯有用暴力推翻沙皇，才能创造一个美好的理想社会——人民应该"这么办"。车尔尼雪夫斯基用巧妙的文学手段机智地逃过了沙皇书报检查机构的审查,小说很快出版了。《怎么办?》小说像一块巨石投进了俄国文坛看似平静的湖面,一石激起千层浪,人们很快地理解了在曲笔和隐喻中所包含的深邃思想和革命内容,称赞它是"革命青年的行动指南"。反动当局急忙下令查禁,但小说已经不胫而走,广泛地流传,产生了巨大的影响。千千万万读者在拉赫美托夫等英雄形象的感召下投身革命。普列汉诺夫曾说过:"在每一个出色的俄罗斯革命家身上,都有过许多拉赫美托夫气质。"列宁也特别喜爱这部小说,并熟知其中的每个细节,他评价车尔尼雪夫斯基:"深刻而透彻地了解他那个时代的现实",并且"善于在受检查的刊物上叙述这种纯粹的革命思想"。因为这部著作,身陷囹圄的车尔尼雪夫斯基又被流放西伯利亚服苦役,直到1889年去世,享年61岁。

自由的浪潮如同天边的曙光,一旦暗夜开始消逝,就再也无法遮挡其越来越亮的光芒。在车尔尼雪夫斯基等一批先驱的引领下,俄国社会出现了更多反抗封建专制的思想和行动,出现了很多以青年人为主的革命组织,文化工作者也没有落后,他们充分利用改革条件下稀缺的自由空间,纷纷著书立说、发表见解。此外,国民教育事业也蓬勃发展起来,国民教育的主旨是让以前无法接受教育的农奴和农民获得教育的机会,许多优秀作家和教育家,像皮洛果夫、列夫·托尔斯泰、乌辛斯基、谢尔贡诺夫等人都积极撰写文章谈论教育问题,社会提出的迫切任务是教育人民识字,获取知识,使人民文化水平提高，引导广大劳动人民摆脱黑暗、贫困、愚昧和压迫。这让很多有识之士充满向往和期待，其中就包括伊里亚。

伊里亚从喀山大学毕业后就立志成为一名中学物理老师，尽管他的副博士学位论文备受答辩委员会的好评，甚至因此收到了研究员的聘书，但他还是初心不改。初为人师，伊里亚就成为独特的存在。一入职奔萨的中学，伊里亚就注意到有个同事在用热水浸泡桦条，有经验的同事马上跟他解释，桦条必须这样泡软了才好用，才能打得疼。伊里亚对这种拿体罚当家常便饭的风气愤慨不已，当然最开始这种愤慨只是出自本能。后来他在俄国民主主义者、哲学家杜勃罗留波夫的书中读到："孩子比成年人更讲道德。只要不用恐吓手段逼他们撒谎，他们是不会撒谎的。他们为一切不道德的行为而感到羞耻，孩子们不论出身贫富贵贱，都可以成为好朋友。"伊里亚对此深表赞同。在他的班上，学生从来没有被体罚过，课堂上也没有出现过老师的怒吼，或者老师的咆哮——"跪下！"后来他调转到下诺夫哥罗德中学教书依然如故。教学区或者教育部经常派督导团到各个学校视察，督导提问学生时，学生往往被吓得直哆嗦，唯独在伊里亚带的班级上没有出现过学生胆战心惊的情况。与之相反，他的学生面对来视察的领导官员反而跃跃欲试去展现自己的才能，这种勇敢自信的风貌让一拨又一拨的督导团印象深刻。实际上，青春昂扬的年纪正是自信、乐于表现的，但是在压抑的环境下这种正常竟然成了稀缺。自然，伊里亚为学校赢得了荣誉，获得了学生和主管部门的认可。

但是，我们知道，伊里亚留在传记里的身份并不是一名中学物理教师，而是国民教育视察员。为什么他放弃了形势一片大好的教师岗位换工作了呢？这与我们前文提到的沙俄进行的改革有关。作为一名进步的俄国民主主义知识分子，他对所发生的一切变革都满怀期待，不止一次问自己："现在，我应当到哪里去当教师，才无愧于教师这个崇高的称号？显然，应当到民众中去。"产生这种想法与他日常喜欢阅读的思想著作有密切的关系。列宁的父亲作为教育工作者，喜欢阅读涅克拉索夫的诗，特别喜欢阅读杜勃罗留波夫的著作，因为其著作反对农奴制度。列宁在父亲的影响下，大量阅读了许多像普希金、莱蒙托夫、涅克拉索夫、车尔尼雪夫斯基和皮萨列夫等俄罗斯古典作家的文学作品。正是因为立志要到民众中去，在1869年秋天，伊里亚面对校长和师友一次又一次的挽留仍毅然辞去了下诺夫哥罗德中学的教职，告别了伏尔加河畔的舒适生活，乘着颠簸的马车前往辛比尔斯克省，正式履职国民教育视察员。妻子和一儿一女（列宁的姐姐和哥哥）陪着他迁居到这个全新的地方，开始了艰难的新生活。

看似决绝的行动背后也有反复的自我怀疑。伊里亚在一开始并不确定自己一个城里人真得做好了扎根农村的准备，但他是一个有坚毅品格的教育工作者，为了扎根农村的教育理想，他先用了一整个冬天的时间调研了辛比尔斯克省的学校。当时这里的学校很少，而且都是旧式的学校，校舍又小又脏，教师的受教育水平很低，日常教学动辄打骂学生。为了建新的校舍，他不得不迎着村民敌视的目光苦口婆心地劝说，让他们放下顾虑；为了筹措建学校的经费，他不得不四处奔走；为了提高教师的教学水平，他开办青年教师进修班，用新的教学方法来指导和培训他们。而这些都是不得不做的工作，因为他只有自己一个人。在巡视全省前，伊里亚手握圆规和直尺仔细研究了地图以计算自己旅行的时间，显然他没有计算冬天道路崎岖不平的限制，只严格按照雪橇滑行的时间来计算。如果他以前学校的同事知道他放弃了大有前途的教职而过这样的生活一定会嘲笑和不解：你到底图什么呢？伊里亚必然来不及回应，因为时间太紧张了，他必须尽快完成全省学校的摸底工作，必须在一个冬天的时间里完成，不然会影响学校整个的学年教学计划。曾与伊里亚共事过的辛比尔斯克社会活动家瓦列里安·那扎利耶夫留下了这样一段看似牢骚却动情的回忆：

　　有时你坐在温暖安静的屋子里，不安地倾听着冬季暴风雪的怒吼。这场暴风雪已经刮了三天三夜，它把农夫阻留在草舍里，不能活动，不能工作。突然窗外响起铃声。想一想谁会在这种时候来访呢？于是赶紧来到前厅迎接客人。门敞开了，出现在面前的是乌里扬诺夫，他全身都是雪，脸冻得发白，鬓发胡须全都结了冰。他冻得话都说不出来了，只是照例和善地笑着。好不容易才把光板羊皮大衣脱下来，在前厅抖了一地雪。本想安慰安慰这位过路人，让他尽快暖和过来。可是来人却好像什么事也未曾发生似的，在屋里来回走着，活动着冻僵的四肢，紧接着就开始谈论起学校工作、视察情况、学校工作中的欢乐和忧愁。在喝茶、吃饭的时候也总是谈论同一个话题。当你已经睁不开眼想睡觉时，他还在谈论学校的事。早晨同他见面的第一句话还是学校……

　　初到任时，地方政府为伊里亚准备了一份归他领导的学校名单，可是一看这个名单就让人气不打一处来，名称乱写乱编，数量随意增删，实在是太不负责任了。没办法，他只好自己用双脚丈量辖区的学校，根据自己调查走访的情况来确定学校的名单和具体的情况。有一次，伊里亚在乡村的小酒馆喝茶取暖，一个满脸胡须的年轻人走到柜台前要了一杯酒，喝完之后高兴得边走边咂嘴，他脚上那双突兀的树皮鞋因结了冰而格外响。他走后，饭馆老板忍不住感慨："唉，这个人要走多少路啊！到县城是35俄里，还得返回来，而且不止往返一次……就是为了赚几个钱维持生活。至于教师的薪水，真没法说，一年总共只有25个卢布！也就在发工资的当天，他可以喝上一杯，可是连下酒菜都不敢吃。他怕把薪水花光，只能咂舌作响……"伊里亚听着老板的感慨而一阵阵脸红，为教育部和自己视察员的工作没做好而感到羞愧。

　　本来他的身体状况并不好，但是对工作的热爱和实现志向的责任感可以让他忘却疲惫和挫败，不断克服困难，不断推进工作。妻子和子女在辛比尔斯克城里租的房子等待他结束工作回家，但一整个冬天他几乎很少在家停留。工作逐渐开展起来了，伊里亚有了几个视察员做助手，他也升任总监。领导权限的增大让他的工作更忙碌起来，但他依然在教育一线，维持着生活简朴、待人诚恳的作风。教师们毫无压力地向他请教，他还要时不时地去各个学校为请病假的老师代课。他不喜欢社交生活，工作之余在家里陪伴孩子，关心孩子的教育。工作时他是一个有无限活力且一丝不苟的教育家，闲暇时他是一个和蔼可亲的父亲，喜欢和孩子们开玩笑、下棋、玩球。

伊里亚用 10 年的时间把辛比尔斯克省原有的 89 所学校增加到了 423 所，开办了一期又一期的教师培训班，大家默契地称之为"乌里扬诺夫培训班"。所有这些努力的代价就是身体在年复一年的辛苦工作中受损，妻子玛丽亚一直为他的健康状况担忧，在伊里亚工作满 25 年的时候就劝过他退休，但伊里亚反而用更大的热情投入教育事业中，妻子不得不同意。在工作快满 30 年的时候，玛丽亚再次提出让他退休好好保养身体，但伊里亚却在这时向喀山学区教育主管提出了延长任职的申请，因为还有未竟的事业等待着他。结果，督学批示——"同意留任到 1887 年 7 月 1 日"，即只同意伊里亚留职一年半。列宁的大姐安娜在回忆录里这样写道：

> "1885 年 12 月，在我上三年级的时候，有一
> 次放假回辛比尔斯克家中。在塞兹兰我同视察全省

归来的父亲同行。记得父亲给我的印象是比秋天更明显地衰老，身体更加虚弱。我还记得，他情绪颓丧，并痛苦地对我说，政府想建立教区小学代替他们搞起来的地方小学。这表明他一生为之奋斗的事业将化为泡影。后来我才懂得，父亲为此备受煎熬，这件事加速了他的不幸结局。"

繁重的工作过早地耗尽了伊里亚的精力，加上多年努力的工作成果化为泡影，最终，不到55岁的伊里亚·尼古拉耶维奇·乌里扬诺夫在做年终总结的时候突发脑出血逝世，那一天是1886年1月12日，那一年是列宁正在读中学的最后一年。

伊里亚的逝世让熟悉他的人悲伤不已。喀山学区的督学公开发表了一篇长悼文，里面写道：

"全体同事，市国民学校的教师及学生，副省长先生，中学校长和中学教师，陆军学校、教会学校的教师以及所有的人都尊敬地缅怀已故总监（在辛比尔斯克有谁不认识、不尊敬他呢），很多人到已故总监的住宅和附近街道，向总监告别。辛比尔斯克的宗教界高层认真做了简短的祈祷。棺木连同已故总监的遗体由他的二儿子（即列宁——作者注）及同事和挚友们抬着缓缓前进……"

本不属于学区督学管辖的《荒地》杂志专门发文悼念伊里亚："他为了发展国民教育，付出了全部心血，无论是辛比尔斯克市，还是辛比尔斯克省的国民教育事业，恐怕都是俄国其他地方望尘莫及的。"

办完葬礼的家里显得空荡荡的，哭过之后的小列宁无言地在房间里毫无目的地走来走去。突然他发现钢琴上面的乐谱中间似乎有什么东西闪烁着光芒。他伸手拿来一看，是父亲那本抄录钟爱诗句的硬壳笔记本。列宁打开笔记本，看到最后一行拉丁文字：

"Per aspera ad astra。"

列宁轻声翻译出来：

"越过荆棘就是坦途。"

第三节　为家人撑起半边天的母亲

列宁的母亲玛丽亚·亚历山大罗芙娜·勃兰克出生于彼得堡一个进步的医生家庭，她的父亲（即列宁的外祖父）亚历山大·德米特利耶维奇·勃兰克于1824年从彼得堡医学院毕业后一直从事救死扶伤的医生工作。玛丽亚的母亲（即列宁的外祖母）很早就过世了，留下6个年幼的孩子。代入一下勃兰克医生当时的处境——早年丧偶，6个孩子都需要照顾，还要辗转各地行医经常离家……真是想象一下就难免头皮发麻。好在这时玛利亚的大姨叶卡捷琳娜伸出援手，她搬来和孩子们一起住，照顾自己妹妹留下的6个孩子的生活起居和家庭教育。

大姨叶卡捷琳娜原是一名家庭教师，性格刚强，做事干脆利落，每天忙忙碌碌，照顾和管理家庭事务井井有条，从不溺爱孩子，注重培养孩子们勤俭节约的品格，其中5个女孩子一年四季都穿短袖的印花连衣裙，而且有两套替换，整洁而不铺张。玛丽亚的兄弟姐妹们就在这样的家庭氛围中成长起来，坚强、大方、毫不矫揉造作。

　　勃兰克医生的医学水平很高，喜欢钻研，不墨守成规，但是因为性情刚直又固执、为人不够圆滑，所以不停被上级调换工作地点，即便如此，上司还是高度评价他的高超医术和献身精神。玛丽亚很小的时候，勃兰克被调到了偏僻的城镇工作，他既要在县里的多所学校当医生，还要兼任医务督察员。有时一连几天甚至几个星期，玛丽亚都见不到父亲。读到这儿，也许有读者会猜想，是不是有了孩子的大姨来帮忙之后，勃兰克医生就可以做个隐身的父亲一心拼事业了？看看当今社会上很多女性正在经历的"丧偶式育儿"，确实让人有些疑虑。但是勃兰克医生却并没有在培养教育孩子上退场。虽然勃兰克医生要到各地出诊，但是家里每一个成员都能感受到他无形的存在。勃兰克只要回到家，一定全身心地陪伴孩子们。他喜欢跟孩子们开玩笑，有次玛丽亚和妹妹阿尼娅在客厅弹钢琴，手提皮包准备出诊的他笑呵呵地调侃："我还以为有人在咱家剁白菜呢。"然后走到钢琴边，用带着碘酒气味的手拍拍玛丽亚。有时在夜间，大家都躺下睡了，医院特有的碘酒和硫黄的气味似乎飘进梦境，大家就知道，是深夜回家的父亲来看他们熟睡的样子了。有句俗语说得好——穷人的孩子早当家，在家境并不宽裕的情况下，玛丽亚和哥哥姊妹们更早地懂得了父亲的不易，他们心里都明白，父亲的整个生命都献给了救死扶伤的事业和他们，他的忧愁和快乐都系于孩子们。虽然勃兰克医生不是一个善于表达的人，但是玛丽亚很早就明白，不管多累、多忙，父亲总是要看看他们，感冒了没有、吃饭了没有，睡得好不好，有没有吃不好消化的东西，等等。

在勃兰克医生退休后，他们全家搬到了科库什基诺，用多年省吃俭用攒下来的钱在乌什尼亚河畔买了一栋带院子的房子，勃兰克医生种地之余替周围的农民们看病治疗，此时的玛丽亚已经在耳濡目染下成为父亲的助手，甚至在父亲到别的地方出诊时，她也能帮助村民解决一些简单的医疗问题。农村生活是安静的、自由的，玛丽亚在这儿交到了很多朋友，她教她们识字，圣诞节的时候她招呼朋友和他们的孩子来家里聚会，她弹奏起钢琴，大家一起唱歌。到了冬天的晚上，没有农活了，玛丽亚就给朋友们读自己看过的书，大家一起徜徉在广袤的天地。

得益于大姨的教育，玛丽亚在语言、音乐、俄国文学和外国文学方面的造诣颇深，远超过在中学和专科学校求学的同学；得益于医生父亲的引导，她还积累了丰富的自然科学知识。天资聪颖的玛丽亚虽然没有正式入学，但她以校外生的身份顺利通过了教师资格考试。受经济条件的限制，玛丽亚没有机会上大学，以后她回想起来心中总有一丝遗憾。

平静的生活不知不觉过了几年，玛丽亚的姐姐们都已出嫁，她喜欢和夏天回娘家的姐姐们待在一起，也发自内心地喜欢可爱的外甥们。但是，此时的玛丽亚却并不羡慕，她下决心不结婚，立志要把自己的生命献给人民。不得不佩服，在那个年代，玛丽亚就有这样果决的想法。1861年3月，洪亮的钟声响彻俄国，在教堂里，在贵族俱乐部里，在农民集会上，大家不约而同地都在选读亚历山大二世关于解放农奴的宣言，人们把新君称作"解放者"。夏天，姐姐们兴冲冲地赶回家，向玛丽亚转述城里已经耳熟能详的那句话："在人民还没有自下而上夺取自由时，应当尽快自上而下给予人民自由。"玛丽亚听后只有一句："一切不幸在于愚昧。"这次改革废除了农奴制，农奴成为自由人，为资本主义的发展提供了大量的自由劳动力，俄国从此走上了资本主义发展的道路。但从2月亚历山大二世"宣布"废除农奴制后，一直没有发生任何变化。我们通过学习后来的历史可以知道，这次废除农奴制改革很不彻底，保留了大量封建残余，农奴生活水平仍没有本质提高。玛丽亚的思想认知水平远远地领先于同龄人，她在小时候第一次接触到赫尔岑的作品时就读得废寝忘食，大姨觉得她现在这么小的年龄就读赫尔岑是读不懂的，但并没有限制她继续读。玛丽亚读到那句——"痛苦经过我传到全城，经过我走向永世的灾难"，泪水不知不觉地流下来，幼小的她忍不住想知道：他们为什么被流放？是为了想要改变人民的生活吗？在年幼的玛丽亚的认知里，理想的社会没有霍乱（足见家庭的影响）、没有遭火灾的难民，没有挨饿受穷的可怜人，农民也能识字上学，地主不再鞭打农奴。她听说父亲曾多次为一个被抽打得遍体鳞伤的农奴孕妇检查治疗。她希望这种情况不再出现。年幼的玛丽亚对未来理想社会的畅想还没有具体落地的行动方案，但到了现在，她已经很清楚地知道自己的志向——成为一名教师，为的是同人民分享她仅有的财富——知识。

玛丽亚是个行动派，决心考教师资格考试的她先给在奔萨的姐姐安娜拍了电报，姐夫伊万是当地男子贵族学校的副校长并主管图书馆工作。玛丽亚到来的第一天便和姐姐、姐夫和外甥们吃饭聚会。往常这个家里总是访客不断，都是与姐夫熟识的教育工作者来此聚会。姐姐安娜怕玛丽亚初来乍到不想见陌生人，因此特意安排今天只有家人聚会。第二天，当玛丽亚正和外甥女柳巴读一本法国小说时，客人们涌入家中，安娜忍不住笑出来："只有昨天一天没有来，今天大家就着急早来了。"先到的是一个叫弗拉基米尔的青年，他是姐姐、姐夫的老朋友，唱歌很好听，玛丽亚为他弹琴伴奏。悠扬的歌声和如水的钢琴声回荡在客厅，这时，一个高颧骨的年轻人走了进来。他穿着教师服，但看起来更像个腼腆的大学生。看上去他并没有意识到副校长家里来了亲戚，一进到客厅就将一摞书放在伊万的手上，不停询问刊登车尔尼雪夫斯基文章的最新几期《现代人》杂志来了没有。询问完毕，这个年轻人才突然注意到客厅里有新的面孔。他是俄罗斯音乐的忠实听众，但今天这位陌生女士弹出来的乐声让他觉得乐曲有了非凡的生命力，一下子被打动了。他悄悄地抖了抖袖子上本来就不存在的粉笔末，小心走近两步，以便能看清些她的长相。

这个年轻人就是伊里亚——这便是列宁父母的初次相遇。

正在弹奏的玛丽亚也注意到了正在目不转睛看着自己的陌生年轻男子，后来她回忆起与伊里亚初次相见时的场景："那时候看着他注视我的目光，也不知道为什么，突然闪出一个奇怪的想法——这次教资考试我一定能通过！"哈哈，真是不按套路出牌的玛丽亚。

果然，玛丽亚顺利通过了教师资格考试。她拒绝在奔萨参加考试，因为大家都知道她是副校长的小姨子，而她不想接受任何优待，于是申请到萨马拉男子中学参加考试。熟识的朋友并不知道她考试进展如何，都在不安地等待她的消息，尤其是物理教师伊里亚。在第一次见面之后，他们彼此就有好感，此后伊里亚经常找玛丽亚帮忙辅导英语。玛丽亚从萨马拉回来了，目光炯炯，脸上带着笑意，手一挥把证书放在桌子上，家人为玛丽亚欢呼起来。

在奔萨，玛丽亚和伊里亚接触越来越多。听着这位年轻的物理教师谈起他的课，看着他脸上焕发的自信的光彩，眼前的面庞虽说不上多么英俊，但玛丽亚瞬间明白了一点：这是一张亲人的脸。这是爱情的力量，让曾经立志不婚的玛丽亚幸福而坚决地踏入婚姻的殿堂。两个志同道合的年轻人就这样走到了一起。两人在科库什基诺即玛丽亚的老家举办了简单而温馨的婚礼。

婚后他们搬到了下诺夫哥罗德，因伊里亚的老师建议他去那里教学更有利于提升教学水平。两个年轻人在全新的城市过得十分拮据，但"有爱饮水饱"，更何况是两个思想高度契合的有志青年。玛丽亚和伊里亚两人开玩笑说道："咱们是阴谋家……在人多的场合只要讲一个字、投过一个眼神，就能够彼此明白。"两人相处的时候有说不完的话题，一起读书，一起弹奏和欣赏音乐，偶尔一起出门欣赏一场歌剧，每一天都过得简单、幸福。伊里亚越发忙碌了，要上的课程很多，还要支援妹妹的生计。幸亏玛丽亚从小善于理财管家，把家里打理得井井有条，勤俭持家的同时让家里方方面面良好运转，伊里亚简直都要膜拜她了。正当准备去教书的时候，玛丽亚发现自己怀孕了，她只好放弃，此后将一生的教育才能施展在培养自己的孩子上。

在下诺夫哥罗德，玛丽亚生了女儿安娜，一年半以后儿子亚历山大出生，又一年后女儿奥莲卡出生，但不幸夭折。玛丽亚的精力都用来照顾孩子了。不知不觉，他们在下诺夫哥罗德度过了 5 年的时光。后来，随着伊里亚被任命为辛比尔斯克教育视察员，待伊里亚在那里安顿好之后，玛丽亚带着阿尼娅和萨沙与丈夫团聚。初到辛比尔斯克的临时住房，玛丽亚吓了一跳，因为这里紧邻监狱，而且房间、厨房都乱糟糟的。这时候，就凸显出来时下很流行的一个词——情绪稳定。玛丽亚没有气馁、没有崩溃、没有抱怨，她利落地打开行李，清扫房间，很快就把东西安置好，浆洗过的衣物的芬芳飘满整个屋子，厨房散发出烤面包的香味。列宁出生在辛比尔斯克，一年后，他的妹妹奥莉娅出生了。几个孩子性格各异，玛丽亚经历过所有新手妈妈共同经历的痛苦、彷徨和幸福，逐渐积累了带娃的经验，她自己和闺密悄悄说，带老大阿尼娅的时候一筹莫展，到带沃洛佳（列宁的昵称）的时候感觉自己已经可以应付自如了。一大家子的生活起居，5个孩子的教育，主力都是玛丽亚。在家里，她不是一个司令员，更像是一个乐队指挥。她从不发脾气，更不会大喊大叫，手上不闲着但从没有仓促的感觉。清晨，孩子还没醒来，她和保姆一起做完早饭，然后她去客厅轻轻弹起肖邦的曲子，孩子们在她的琴声中醒来。醒来的列宁和哥哥姐姐妹妹一起去前厅的水管下洗脸，用冷水擦身，有说有笑，互相泼水嬉闹的尖叫声时不时传进房间。等到都擦完了，冻得红扑扑的小家伙们跑回房间换上衣服，然后齐刷刷坐在餐厅的大桌子前吃早饭，热茶腾起氤氲的热气，面包的香味让小家伙们垂涎欲滴。最小的孩子科里亚躺在玛丽亚的怀里。遗憾的是，科里亚后来也不幸夭折了。

孩子们在一天天长大。列宁父亲的学生科拉什尼科夫后来回忆起自己受老师所托来给孩子们辅导功课时的场景，总是充满感动。他注意到，孩子们被培养得很好，每天都在读书，有一阵子孩子们迷上了儿童刊物，伊里亚就给他们订阅了整套。玩耍起来，小家伙们也十分调皮，性格各不相同，谁也不服谁，尤其两个小的——列宁和妹妹奥莉娅格外调皮，总是吵吵闹闹。但是，他们的玩闹都在花园里进行，不会在工作和吃饭的区域玩闹，家里的秩序维持得很好。观察了几天的科拉什尼科夫突然就忧愁起来，年纪轻轻的他开始觉得自己像个操不完心的老父亲一样，因为他担心这几个自由自在惯了的孩子以后难以适应强制和压抑的中学生活。玛丽亚知道后忍不住笑出来，安慰他让他不要忧愁。科拉什尼科夫在与这家人相处的过程中发现，孩子们性格各异，而玛丽亚能够充分尊重孩子们的个性，不强制要他们保持一致，只有最基本的要求——热爱工作和学习。勤奋了一生的她无法忍受孩子们无所事事。薇拉也是伊里亚的学生，毕业后也成为一名教师，她经常到列宁家做客。印象最深的就是老师家里培养孩子的独特方式。无论是老师伊里亚还是师母玛丽亚对孩子说话都像对待大人一样，会跟孩子道歉，会听孩子的想法，也会征求孩子的意见。薇拉佩服得五体投地，尤其是对玛丽亚，崇敬之情有如滔滔江水。

如果命运的时钟一直停留在这时候，玛丽亚用心地教育孩子，支持丈夫，生活忙碌而幸福。但是时代的洪流和个人的命运总是在运动中前行。一生坚强的玛丽亚先后经历了丈夫过劳离世、索要遗产被阻挠、大儿子被处死、女儿和儿子们接连入狱或者被流放等一系列痛苦，对很多人来说，这当中任何一个打击都是致命的，但她都撑过来了，她不断告诉自己，要活着，要继续做孩子的后盾，为孩子们撑起一片天。

第四节　并肩革命的兄弟姐妹

伊里亚和玛丽亚共有 6 个孩子存活下来。他们相依相伴，在家里以小名互相称呼。大女儿安娜，小名叫阿尼娅；大儿子亚历山大，小名萨沙；列宁排行老三，小名叫沃洛佳；妹妹奥莉娅，小名奥莲卡；弟弟德米特里，小名叫米佳；最小的妹妹玛丽亚小名是马妮亚莎。为了便于阅读，我们后面都用大名来称呼他们，一起来认识一下列宁的兄弟姐妹吧。

大姐安娜

大姐安娜出生于 1864 年 8 月，作为家里出生的第一个孩子，她的到来让伊里亚和玛丽亚既充满幸福又有点不知所措，同大多数新手父母一样，他俩严格按照育儿书养育安娜，生怕自己哪个地方做得不对让幼小的婴儿受伤或生病。

安娜是所有兄弟姐妹里最长寿的，活到了 71 岁，陪伴并见证了所有弟弟妹妹的成长，因此安娜写作的关于列宁的传记、关于乌里扬诺夫一家的回忆以及她自己的一些传记性质的文学作品都成为后人研究列宁、亚历山大的重要参考。安娜从 23 岁起毅然决然踏上革命道路，亲身经历了三次划时代的俄国革命。有对比意味的是，安娜一点一点搜集并写作了众多关于自己的弟弟亚历山大和列宁的传记，于是很多人提起安娜一般默认她是两个弟弟尤其是列宁一生的记录者，而忽略了安娜本身也是一个值得记录的革命者，一个用数十年的时间逐步成长为无产阶级革命奋斗终生的马克思主义者。希望大家以安娜作为自己人生主体的方式认识她，而不仅仅是记录家人的客体。

小学时候的安娜就开始展露出文学和语言的才能，

勤学多思的她显得有些敏感，很早就开始创作诗歌来表达对俄国人民的热爱之情。中学毕业的她本来要去彼得堡的别斯土日夫女子高等学校读大学，但是她决定缓一年入学（即现在留学生经常提到的"Gap"一年），等待比自己小一岁的弟弟亚历山大和自己一起去彼得堡深造。在这一年的时间里，安娜的勤奋程度不亚于在校的时候，她深知自己在女校接受的教育比不上常规中学的水平，毕竟当时的俄国社会条件决定了有心求学的女孩子只能读女校。她继续自学，希望弥补自己知识的不足，她的记忆力很好，喜欢阅读的著作都能背下来，上大学前已经学会了法语、德语和英语，初步掌握了意大利语和保加利亚语，腼腆的她虽然对新环境有些踌躇，但依然为上大学做好了准备。

别斯土日夫女子高等学校充满民主氛围，很适合安娜，学校里成立了很多活动小组，小组的成员们后来无一例外走上了革命道路。知道这一点，就不难理解为什么政府多番施压要关停这所学校，面临同样困境的还有俄国进步杂志《祖国纪事》。前者幸运地抵抗住压力继续办学，后者却不幸在1884年被停刊了。查禁《祖国纪事》让俄国社会进步人士尤其是青年人深受打击，安娜也不例外，主编谢德林无疑是青年人的精神偶像。他创作了大量揭露农奴制的文学作品，推动了俄国的解放。据拉法格回忆，他是马克思特别推崇的俄国作家之一。列宁对谢德林的评价很高，认为他"曾经教导俄国社会要透过农奴制地主所谓有教养的乔装打扮的外表，识别他的强取豪夺的本质，教导人们憎恨诸如此类的虚伪和冷酷无情"。谢德林塑造的艺术典型是列宁和斯大林在与敌人斗争时经常引用的犀利武器。被查禁之后不久，谢德林生病住院了。1885 年冬天一个寒冷的夜晚，弟弟亚历山大的同学来找安娜，邀请她和自己的小组成员作为别斯土日夫学校的代表团去看望生病的谢德林，安娜得知其他大学也派出了代表团。此时的安娜一扫以往的腼腆，立即起草了祝词表达对谢德林的支持和祝福。第二天，她召集同学们讨论祝词稿，大家一致同意，即刻前往谢德林的住处。遗憾的是这群昂扬的女大学生并没有见到谢德林，他病况比较严重不宜接待客人，姑娘们只听到从房间里传来痛苦的呻吟声。第三天，校长找到安娜，告诉她自己见到了谢德林，谢德林请校长转达对她们的谢意，并说安娜写的祝词是他收到的最感动的一份。第二年，大学生们再次筹建代表团去探望谢德林，安娜再次入选，这次，弟弟亚历山大也被选进了代表团。

大学的前三年，安娜和亚历山大住得很近。他们经常课后约在一起，像小时候一样，晚上坐在煤油灯下一起看书，偶尔讨论几句。他们都爱上了彼得堡这个起初让他们觉得格格不入的大城市，爱她雪后宁静的街道，爱她夏日葱郁的树木，更爱她在涅瓦河边平静安定的白夜。夏天，放暑假的姐弟俩回到科库什基诺，时光悄悄让弟弟妹妹都长高了，长大了。

1886 年初，乌里扬诺夫家遭遇了最大的不幸，伊里亚的猝然离世让全家陷入无边的悲痛之中，当时安娜正回到辛比尔斯克过圣诞节。葬礼过后，看着泪水已经流尽的母亲，安娜提出留下来陪伴妈妈，但是玛丽亚坚持让她返校继续学业。返回彼得堡的安娜并没有从失去山一样的父亲的悲痛中走出，失眠越发严重，还患上疟疾，时不时发作。

与此同时，安娜发现原本亲密无间的弟弟亚历山大与自己见面的次数越来越少，即便见面也不像从前那样无所不言。安娜敏锐地察觉到弟弟正在从事的某项工作会产生不可知的影响。失去父亲的痛苦和与弟弟渐行渐远的困惑折磨着安娜。几个月后，她和亚历山大一同参加了在彼得堡举行的纪念杜勃罗留波夫逝世25周年的政治示威游行，这是安娜第一次参加示威活动。这次行动让安娜与亚历山大重新密切起来，她经常出入亚历山大的宿舍，但隔阂并没有消除，因为在弟弟的宿舍时常出现陌生的面孔，而亚历山大总是三缄其口，并不想介绍自己的这些新朋友给姐姐认识。安娜越发不安起来。最终，这种不安被1887年3月1日突如其来的逮捕所带来的混乱恐怖淹没。这天晚上，去寻找弟弟的安娜高兴地看到他的房间亮着灯，安娜以为弟弟在宿舍，谁知刚打开门就被潜藏在里面的两名警察困住双臂，蛮横地把她拖出了房门。房间一片凌乱，正如此刻安娜的心。安娜不知道自己为什么被捕，更不知道弟弟发生了什么。被关在拘留所的安娜失去了时间的概念，逼仄的牢房里只有白天和黑夜，她焦急地等待弟弟的消息，却又不敢听到弟弟的消息。母亲赶到了彼得堡，先获准见到了拘留所的女儿，然后见到了儿子。玛丽亚真是位坚强的母亲，应此大难，她极度悲伤却不断克制，不在女儿面前表现出来，一直安抚安娜。探视时，安娜问妈妈弟弟的情况怎样，玛丽亚轻轻地说：为他祈祷吧。那时候的安娜还不知道这句话意味着什么。等到 5 月 11 日，狱警通知安娜她可以出来了，但这个消息并不含任何喜悦的成分，此时安娜才知道弟弟亚历山大已经在三天前被绞死了！因此安娜被告知因涉嫌刺杀沙皇亚历山大三世被流放到西伯利亚 5 年的时候，她甚至顾不上担忧自己被流放的处境，只想见到弟弟，无法相信警察口中弟弟已经死了的事实。

在监狱大门外接应她的是一个远房表姐夫佩斯科夫斯基，他把亚历山大被处死的真相和全过程告诉了安娜。安娜一瞬间仿佛失去了意识，亲戚扶着站不住的安娜，劝她为了妈妈要坚强地活下去。玛丽亚没有倒下，她十分平静，为了让女儿的流放地从遥远的东西伯利亚改到近一点的地方，她四处奔走，终于等到了内务部"从轻发落"的决定。安娜被流放到科库什基诺，即她们的老家，继续由警方监视。6 月末，玛丽亚带着列宁和家里的其他人几乎卖光家产来到科库什基诺，希望离流放的安娜近一点。入秋后，他们搬去了喀山，因为弟弟列宁要去那儿上大学了。

安娜继续留在科库什基诺，继续受到警局全天候的监视。12 月到了，到处白雪皑皑。突然，一阵雪橇声打破了森林的宁静。安娜跑到台阶上，看到了从雪橇上一下子跳下来的弟弟列宁，两人紧紧拥抱在一起，往后一看，妹妹、弟弟和妈妈也都来了。原来，是秋天刚入学的列宁因参加学生游行，也被流放到科库什基诺。这个地方和乌里扬诺夫一家永远都分不开了。安娜和列宁长时间待在一起，看书，讨论问题，写文章。她惊喜地发现，这个弟弟的成长变化令人震惊。她不由自主地比较列宁和亚历山大，惊奇地发现两人如此相同，又如此不同。被流放的日子看上去没有未来，但是安娜没有气馁，内心深处的声音告诉自己：革命事业在等待着她，要做好准备。

在亚历山大被捕的前一年，他介绍了自己的好朋友、农奴儿子出身的马尔克给安娜认识，后来他们一起参加了那次大规模的游行。在频繁的革命活动交往中，两个年轻人逐渐从陌生到熟悉，从相识到相知。安娜的被捕和被流放，都没有劝退马尔克，同样投身于革命的他早就做好了与安娜共赴生死的准备。马尔克和安娜都没有参与亚历山大那次刺杀沙皇行动，但都被流放了。到1889年的春天，在母亲玛丽亚的奔走下，安娜获准流放到萨马拉省阿拉卡耶夫庄园，这是马尔克帮助安娜的家人提前购置的落脚之处。毫不意外，他们的购房和搬家都被监视的警察悉数上报给萨马拉省宪兵局长。安娜与马尔克的革命生涯交织在一起，两人结婚也必须上报警察局获得批准才行。两人在阳光明媚的夏日举办了婚礼，列宁一家度过了来之不易的几天快乐的时光。

官方对安娜的监视从没停止。后来流放期满，安娜随着母亲一家人举家迁往莫斯科。名义上是因马尔克在莫斯科的铁路局找到了一份好工作，而小弟弟和小妹妹要在莫斯科上学，实际上是因为安娜和丈夫、弟弟妹妹们要转战到莫斯科从事更重要的革命活动。5年的流放生涯让安娜迅速成长，资料表明，在搬到莫斯科以前，安娜已经成为一个具有高度理论修养的马克思主义者了，她和弟弟们一样有了坚定的信念。正因为如此，她在莫斯科同米次凯维奇领导的马克思主义地下小组建立了联系并开展起工作。安娜充分发挥了自己的文学才能和语言天赋，她创作和翻译了大量的作品并印发成小册子，在工人中传阅，产生了很大的影响。

整个 19 世纪 90 年代，安娜多次离开莫斯科前往彼得堡，为了和被捕的弟弟列宁保持联系，还设法保释他。和狱中的列宁通信中涉及"革命""罢工""传单"这样的敏感字词，都是用隐秘的方式进行，姐弟之间的高度默契让沟通畅行无阻。安娜回忆起这段历史时谈起，她那时总是迫不及待地要见到弟弟，有一次监狱的看守人员和她开玩笑说，看你跑成那样子我以为你来见爱人，原来是看你弟弟。安娜在彼得堡的生活和工作重心就是支援身陷囹圄的列宁，她与列宁领导的"工人阶级解放斗争协会"保持紧密联系。从大四被捕入狱那年到现在，仅仅 9 年的时间，安娜从一个毫无革命斗争经验的大学生成长为一个善于组织和领导工作的革命家，当初那个因为弟弟被捕而惶恐不安的姑娘，在革命斗争的淬炼中变成了一个机智、稳定而强大的斗士。1898 年，安娜成为俄国社会民主党第一届莫斯科委员会委员。1900 ～ 1905 年，她担任机关报《火星报》的经理，并在布尔什维克的各个秘密报社工作，其间还担任过《前进报》的编委。1904 ～ 1906 年，她同当时在国外的布尔什维克党中央保持联系，并主管布尔什维克在彼得堡市委员会的财务工作，而作为财务主管，她的主要工作不是计算开支，而是绞尽脑汁筹款，为党组织筹措所有能筹措到的经费。1908～1910年，她在莫斯科和萨拉托夫继续革命事业，1912～1914年，安娜参与布尔什维克机关刊物《真理报》和《启蒙》杂志的撰稿工作，并担任《女工》杂志的编辑。在安娜的建议下，《真理报》专门开辟了一个栏目，用于刊登有关女工状况的文章和女工寄来的短文和诗歌。为了妇女的解放事业，安娜投入了无限的心血。到了1918年，她在社会赡养人民委员会部和教育人民委员部任职。从1921年起，57岁的安娜正式在党史委员会工作，担任《无产阶级革命》杂志的编委，她从一点一滴的历史材料入手，积极参加了列宁研究院的工作，直到1935年逝世。

简略回顾了安娜·乌里扬诺夫的一生，我们通过阅读她写的书、小册子和回忆录不难发现，同为革命者的弟弟妹妹们与她关系那么亲密、对她那么信任都不是偶然的。因为，她是一个真正的共产党员，一个无愧于自己家庭的长女。

哥哥亚历山大

在有关列宁一家的传记和回忆录里，列宁的哥哥亚历山大是五个兄弟姐妹中被人谈及最多的一位。他像一颗燃烧的流星刺破了亚历山大三世反动统治的漆黑夜空，生命定格在21岁——一个有着无限可能的年纪。

亚历山大·伊里奇·乌里扬诺夫出生于1866年，从小酷爱化学，成绩优异的他于1883年获得中学金质奖章毕业，随后和等待他一年的姐姐安娜一起去彼得堡上大学。

在大学的前三年，亚历山大同上大学前一样，醉心于科学研究，并没有迹象显示他从一开始就积极投身于密谋和刺杀沙皇的行动。入学后，亚历山大越发对生物学感兴趣，尤其是接触到无脊椎动物学之后，感觉打开了新的大门。在1885年底，大学二年级的亚历山大提交了《淡水生物分裂器官构造研究》论文，获得了包括院士在内的评审委员会的高度评价。翌年年初，亚历山大和其他的获奖选手一起在学校巍峨的礼堂里被授予人生中第二枚金质奖章。校长称赞他是"大学的骄傲"，世事无常，仅在一年多后，在亚历山大被捕后，在同样的礼堂，校长第一时间宣布这个昔日学校的骄傲"玷污了大学"。那时候的亚历山大已经确定将以研究无脊椎动物作为自己毕生的工作，一直看好亚历山大的著名化学家门捷列夫在他被杀后无比痛心地惋惜道："这些棘手的社会问题，在我看来是多余的对革命的向往。不知断送了多少伟大的天才。毫无疑问可能被俄国科学引以为荣的基巴利契奇和乌里扬诺夫——我的两个天才的学生，就是被这个怪物吞噬的。"如果那个时代没有那么黑暗，像亚历山大这样的天才是不是可以终其一生怡然自得地从事自己喜欢的科学研究？

亚历山大对科学的痴迷和坚持不懈的探索，得益于父亲伊里亚的培养，热爱阅读的习惯和勤劳、踏实的品质则更多受到母亲玛丽亚的影响。家里所有的孩子包括列宁都非常喜欢亚历山大，把他视作榜样。有一次，姐姐安娜向弟弟妹妹们提问什么是最坏的缺点时，亚历山大不假思索地回答："虚伪和气馁。"在中学的时候，他写了一篇题为《怎样做个有益于社会和国家的人》的作文，亚历山大在开头写道："一个人从事有益的活动时，需要：一是诚实，二是热爱劳动，三是性格坚强，四是智慧，五是知识。"不难看出，父母的教育和培养对亚历山大的影响十分明显。

这时，一个特殊的组织——民意党引起了他的注意。民意党是一个由一群具有丰富的地下斗争经验的革命者组成的组织，他们主要从事暗杀等秘密工作，民意党人是一股让沙皇不寒而栗的力量。对于"个人恐怖主义行动"，列宁有过深刻阐述——如果个人的恐怖行为不和群众革命运动相结合，并且不考虑当时的具体条件，那么它对于革命斗争将是无益的。但是，至今提起民意党，俄国民众总是在唏嘘之余敬佩和赞扬他们的大无畏精神和牺牲精神。民意党曾在1881年3月1日组织实施了炸死沙皇亚历山大二世的行动。

亚历山大并没有加入民意党组织，根据留下的线索和记录可以知道，他自始至终没有充分认同民意党的理念。同当时众多有志青年一样，亚历山大正式加入的组织只有大学的学习小组，并非民意党组织。根据他的同学和战友的陈述和回忆，亚历山大在前三年并没有什么意愿加入革命组织。对此，亚历山大是这样解释的：

　　"我不参加革命组织的原因是，有许多问题我还没有解决。有些是关于我个人的，而更重要的是社会性的问题。恐怕我不会很快参加。……因为社会现象极为复杂。如果可以说，自然科学知识现在才进入其发展的这一阶段，其中研究现象不仅能从定性方面，而且也能从定量方面进行——只有现在才成为（开始成为）真正的科学；而社会科学表现如何呢？很明显，还不能很快解决社会问题。当然，我追求科学的结论——别的东西是没有什么意义的。而要解决这些问题，必须依靠实际行动。而且，庸医治病是荒唐可笑的；而不问原因就企图去治疗社会弊病，甚至更为荒谬可笑。"

　　每每读到这段自白，总是忍不住为亚历山大红了眼眶。一个奋发有为的青年带着超越他年龄的严谨去思考社会问题，从事科学研究的他用一以贯之的理性思维来看待自己和整个社会，不会因为头脑发热就自诩对社会的发展了如指掌，不会因为接触到一点入门知识就标榜自己已经有了行动的能力。这是多么好的一个青年人才啊！可惜，只有可惜，让人忍不住叹息。我们会忍不住想问：既然他在上大学的时候是这样的想法，为什么他突然变成了一个实施恐怖行动的革命者了呢？时代——人人身处其中、人人无法回避的客观条件。在亚历山大的大学时期，毫不夸张地说，"谋刺沙皇"是当时最流行、最有引领性的思潮。政治气氛令人窒息，亚历山大三世的反动统治让人忍无可忍，以至于许多人暗暗发问：难道就不能找到以铲除暴君为己任的人物？布尔什维克建党元老米哈依尔在十月革命胜利后和安娜的聊天中也提到了同样的说法，可见，这是 19 世纪 80 年代中期俄国革命青年的普遍情绪。顺便提一句，米哈依尔就是一名民意党人，和亚历山大同年进入彼得堡大学，他坦言自己当时不止一次地思考过实行恐怖行动。分析一个历史人物，一定要结合他所处的时代条件来全面地了解他。我们了解得越多，这个人物就越真实、越立体，越是一个活生生的人。正如同学布拉金斯基所说："亚历山大不得不生活在一个笼罩着反动社会政治阴霾的时代里，但是，他深思熟虑的秉性和非凡的同情心，使他强烈地感到那些被阴霾掩盖着并传入他耳中的生活的呼声。"

说回亚历山大，在特定的成长经历和特定的时代条件的因缘际会下，他从一个原本立志于从事科学研究的学术型青年突然转变为一个制作好炸药准备赴死去刺杀沙皇的革命者。一切并非无迹可循。

在醉心于科学研究的时候，他已经开始对研究政治、历史和经济问题感兴趣了。大一的时候，他和安娜一起去听了有关俄国农民史的讲座。在加入辛比尔斯克老乡会后，亚历山大倡议成立研究农民经济地位的小组。农民问题越来越成为萦绕在亚历山大脑海里的主题。严谨的他只有思考没有下结论，直到他大量阅读了相关的报刊文章后，才有了一个初步的判断，这个问题已经是俄国第一批马克思主义者——以"劳动解放社"为代表和俄国民粹派激烈论战最核心的题目了。这是亚历山大开始接触革命理论的开端，但是他没有止步于书斋内，他日渐深入日常生活和学习中，从原来不怎么在意到逐渐成为辛比尔斯克老乡会最活跃和最有影响力的成员之一。1885年底，亚历山大加入了大学里的经济小组，听上去很专业很学术的小组实际上是一个秘密的政治中心。这个经济小组就是纪念杜勃罗留波夫逝世25周年游行活动的发起者。细心的读者不难发现，这个名字前文已经出现过，杜勃罗留波夫是俄国著名的民主主义者、作家和哲学家，他的教育著作对列宁的父亲伊里亚影响很大。在当年年初的时候，大学生们就成功组织了纪念农民解放25周年的游行，受到这次成功经验的鼓舞，经济小组发起这次游行的时候得到了大学生们的热烈响应。

亚历山大的同学布拉金斯基在很多年后回忆当时的游行，场景历历在目。他记得亚历山大是这次游行的积极组织者之一，也是最坚定的参加者。在整个游行过程中，从清晨到傍晚，亚历山大始终情绪饱满。成群结队的游行者高唱革命歌曲，向着喀山广场前进，队伍还没走到尼古拉耶夫斯基车站，便被哥萨克骑兵的封锁线挡住了去路。市长格列谢尔将军站在游行队伍的前方，这种施压行径让一直挽着姐姐安娜胳膊的亚历山大愤怒起来，他用高昂的声音高喊"前进！"激励着所有示威者，大批游行的人群像浪潮一样汹涌向前，差点把市长推倒。大学生们分成很多组冲出军队的包围，不幸的是仍有一小部分人被抓并被关进了警局。晚上，核心成员们在亚历山大的宿舍会面，互相交换看法，为被捕的同学忧虑。很快，得知被捕的同学都被释放了，大家瞬间长舒一口气。胜利的欢愉只持续到清晨，当局搜寻并流放了40多个参加示威的学生。同一时间，亚历山大和小组的其他成员正在开会，决定印刷散发抗议当局这次行为的传单，当然，亚历山大负责起草内容。文章以缓和的语气详细叙述了事件的全过程，说明学生是为了和平的目标而不是为了破坏秩序，但是当局的过激反应说明他们反对的是纪念杜勃罗留波夫这个事件本身。创作传单的亚历山大就算想破脑袋也不会想到，在审判他意图谋刺沙皇的时候，这个传单会成为检察官证明他公开实施恐怖手段的证据。

亚历山大开始越来越多地思考社会问题和革命的出路，为此他不断学习和阅读报刊文章和著作。也是在进入彼得堡大学后，亚历山大开始接触到马克思主义著作。他最先接触到的马克思的著作是《资本论》第一卷，很多个不眠之夜见证了他阅读《资本论》的兴奋与愉快。随后，他想方设法拿到了马克思早期代表作《黑格尔法哲学批判》，亚历山大迫不及待地和朋友戈沃鲁欣一起读完，并很快把这篇长文翻译成俄文，准备在秘密刊物上发表，让更多的革命者看到。马克思真正理解人类历史的进程并揭示了社会发展的客观规律，让亚历山大心悦诚服。此外，亚历山大还读完了普列汉诺夫早期的一系列代表作《社会主义和政治斗争》《我们的分歧》等。

通过自学，亚历山大逐步在思想认识上向马克思主义靠拢，对民意党的观点形成了批判性的认识，还对当时名噪一时的自由主义民粹派的代表作做了大量笔记。民粹派是一个很特殊的存在，在后面写到列宁的时候我们会详细介绍民粹派以及列宁与他们的论战。对于亚历山大而言，民粹派的观点和自己的观点直接冲突。民粹派眼里只有农民，而亚历山大则主张工人阶级在革命和改革中起主要作用，唤起俄国工人阶级在改造俄国社会中发挥主要作用成了亚历山大的信念。如果历史可以假设，毋庸置疑，如果亚历山大没有被处死，继续活着的他一定会像弟弟列宁一样加入青年社会民主党。但是，客观上看，在1886年底，亚历山大还没有完全摆脱民意党的思想影响。这是那一代俄国革命者的共同特征，撇掉象征英勇的民意党的影响，对谁来说都是一件很难的事情，需要彻底的思想革命才行。对于民意党人来说，政治斗争和政治阴谋是一个意思，这一说法同样适用于那时候的亚历山大。作为一个只有10个人组成的大学生小组，他和同学采取的行动是和沙皇制度进行有效斗争的唯一手段，他们信不过自己所处的知识分子群体，也不相信在这样黑暗的政治环境下还有别的斗争空间。于是，这个小组的核心行动只有一个——秘密制造炸药，改良雷管，监视沙皇出巡的路线。显然，这些行为与亚历山大所主张的"组织和教育工人阶级准备发挥主要作用"的理论观点是相矛盾的。总的来说，亚历山大的政治观点充满着矛盾，无论是他提出的革命纲领还是受审时的法庭演讲，当中对社会发展规律以及相应的革命斗争道路的认识，既有先进的马克思主义理论的成分，也有很多陈旧的民粹派观点。但是，对历史来说，"马后炮"没有任何意义。

亚历山大和小组的革命者紧锣密鼓地在为刺杀沙皇亚历山大三世做准备，为了不连累经济小组，他早早脱离了小组。在行动前的两个星期，亚历山大在最后一次小组活动中全程没有说话，只是静静注视着每一个同学。许多人在他被捕后才意识到，那时的亚历山大在和他们告别。为了不让家人尤其是姐姐安娜发现自己正在筹备恐怖行动，他主动疏远安娜，这让安娜不解又痛苦。但是，安娜直到他被捕之后，才体会到亚历山大那时候独自一人承担这一切有多么痛苦。时钟一刻不停，转眼到了即将行动的时刻。准备工作已经差不多了，亚历山大将最后所有的时间都用在了实验室，他整天待在学校的动物标本室，着手写作一篇关于某种软体虫的视觉器官的新论文。决绝的亚历山大，用这样的方式与自己最热爱的科学研究道别。

密谋行动在 1887 年 3 月 1 日这天戛然而止。他和姐姐还有其他几个革命者在 12 天后也被捕入狱。被捕后，亚历山大的活动就在牢房和审讯室的两点一线。为了保护其他的同志，他把所有的责任都揽在自己的身上。母亲玛丽亚用最快的速度赶到了彼得堡，隔着牢狱的栏杆，母子两人泪眼婆娑却久久说不出话。最后，亚历山大恳求妈妈原谅他带给家人的痛苦："妈妈，我除了对家庭负有责任，对祖国也负有责任。每一个诚实的人都要为祖国解放而斗争。"这样的探视不止一次，每一次探视都让玛丽亚害怕这可能是最后一次见到儿子。4 月 15 日，亚历山大再次被推上法庭受审，他拒绝聘请辩护律师，决定利用自我辩护的机会发表组织的纲领性声明。旁听这次公审的玛丽亚在座位上泣不成声，她的儿子演讲得多好啊，有理有据，令人信服，作为一名国民，她为亚历山大而自豪，作为一名母亲，她为儿子可以预知的结局而悲痛。这次公审的判决是全体被告都被处以死刑。开庭后，为救儿子四处奔走的玛丽亚带来一个"好消息"。丈夫伊里亚因杰出的工作成就在生前被授予"贵族"称号，亚历山大可以继承，作为贵族，只要向沙皇上书认罪并诚心悔过，可以把死刑改为终身监禁。隔着铁栏杆，亚历山大声音很轻，但是态度坚定："妈妈，难道你就为我祈求这个？" 4 月 24 日，等待被执行死刑的亚历山大再次被传去会面，这次面对的不是一直找机会来探视自己的母亲，而是表姐夫佩斯科夫斯基（也是他后来接了安娜出狱），瞬间，亚历山大像遭遇晴天霹雳，因为他知道，母亲没有出现一定是出事了。表姐夫注意到亚历山大的态度变化，抓住这仅有的机会劝说他为了已经病危的母亲，提醒他对家庭应该肩负的责任，让他接受大家的劝告上书认罪。于是，我们看到了这样一封字字泣血的"悔过书"：

> 我完全懂得，由于我的行为的性质以及我对这些行为的态度，我无权，也无道义上的理由向陛下恳求宽赦。但是，我有母亲，近日来她的健康吉凶未卜；因而，我的死刑判决将是对她生命的最严重威胁。为了我的母亲和幼年丧父的兄弟姐妹（他们把母亲视为唯一的依靠），我决定请求陛下赦免我的死刑而改为其他刑罚。这一宽恕将使我母亲恢复健康和体力，使珍惜她生命的家庭得以团圆；将使我摆脱这种令人痛苦的意识：即我将成为母亲去世

和家庭不幸的祸根。

亚历山大·乌里扬诺夫

　　表姐夫佩斯科夫斯基后来转告安娜说，这封悔过书不可能有结果，亚历山大完全没有按照我告诉他的写，没有任何悔改的表示，甚至署名都不加上"忠实的臣民"。这样的请求，甚至都到不了沙皇的案头。这个世界上最了解亚历山大的安娜说，他的这封悔过书可能是所有精神折磨里最后的也是最可悲的一次。我们看到了亚历山大从容赴死的坚强意志，看到了他保护同志的革命情谊，也看到了他因爱家人而不得不妥协的无奈和心酸。这封悔过书，丝毫不会让人看不起，一个有血有肉、心中有爱的革命者，才是能够爱人民的革命者。

　　时间不可避免地到了行刑的这一天。1887年5月8日，清晨3点30分，亚历山大·乌里扬诺夫在什里谢尔堡的空场上被实施绞刑，生命定格在21岁。米哈依尔这样回忆亚历山大："他还没有来得及长大成人，就离开了人间。这个品德高尚、才华出众的人还没有最后成熟，就被剥夺了生命。还在我国社会生活初露曙光，即1905年第一次俄国革命前18年，在我国无产阶级革命之前30年，他就像一颗陨星，在历史的天垂一闪而过。"

妹妹奥莉娅

　　最小的弟弟德米特里回忆不到20岁就不幸离世的姐姐奥莉娅的时候这样说道："知道她的人很少，她是沃洛佳（即列宁）童年和青年时代最亲近的朋友。"也许是因为年龄相近，在兄弟姐妹中，列宁和妹妹奥莉娅相伴玩耍最多，幼小的两人形影不离，感情最好。奥莉娅出生于1871年11月4日，长得瘦瘦小小，但是不要被她的外表欺骗，她和哥哥列宁是全家最调皮的孩子，两人鬼点子多，每天都能找到淘气玩耍的新项目，吵吵闹闹，让整个家里洋溢着快乐的气氛。相比于安静的姐姐和哥哥，保姆最喜欢这两个"皮猴儿"，经常把他俩抱在膝头给他们讲家乡的故事。

母亲玛丽亚是孩子们的第一个老师，列宁5岁的时候跟着妈妈学会了读书认字，4岁的妹妹奥莉娅也紧跟哥哥学字。7岁的时候她进入学校从三年级开始读。校园热血小说里一定会有一个很厉害的插班生，我们的奥莉娅如果放在现在的校园热血小说里，绝对是妥妥的"大女主"。在一众比她年龄大的同学里，她插班入学成绩直接考第一，语言、文学、数学……门门都学得又快又好。1883年8月18日，父亲伊里亚专门向辛比尔斯克玛丽亚女子中学校长提交了一份申请书，请求接收女儿奥莉娅报考该校的四年级。只有11岁的奥莉娅顺利考上了这所以招生严格而出名的学校。读到这里是不是有点迷糊了？怎么小学三年级就转接到中学四年级了？实际上，奥莉娅和列宁上小学的时候，俄国大部分小学都是3年制，也就是说，那时候10岁的小朋友就能拿到人生第一个毕业证了。

奥莉娅天资聪颖，而且十分勤奋，进入中学的奥莉娅延续了以往的学业战绩，年年拿第一。她还很热心地帮助同班同学学习，班上的女孩子们遇到不会的题目就会找她帮忙讲题。"学霸＋用功＋乐于助人"——简直是技能叠满了，难怪班上的同学都喜欢奥莉娅。有时候遇到自己也做不出来的题目，她就会笑呵呵地和同学说："走，我们去问问我哥哥（即列宁），他什么题都会！"奥莉娅真是哥哥列宁的头号支持者。

在他们生活的辛比尔斯克，没有对大众开放的音乐会，因此，对广大劳动人民而言，巡回演出的歌剧团一来，就跟过节一样。1885 年 4 月，闻名俄国的梅德韦杰夫歌剧团来到辛比尔斯克，奥莉娅马上拉上列宁和自己的闺密谢尔博一起凑钱买了最便宜的票，徜徉在古典歌剧的世界里，三个人如痴如醉。

没有任何悬念，奥莉娅保持第一名的成绩中学毕业，领到了乌里扬诺夫家的孩子获得的第三枚金质奖章，比她早毕业一年的列宁在哥哥亚历山大之后，也获得了中学毕业金质奖章。真是一家子"学霸"。但是，获得金奖并不能给奥莉娅严肃的面庞增添一丝微笑。此前，现在，乃至之后，乌里扬诺夫一家都笼罩在悲痛的乌云下。先是父亲伊里亚猝然离世，后是亚历山大被绞死和安娜被流放，奥莉娅和列宁还在读中学，接连受到悲惨的打击，两人只能在悄悄落泪后，擦干眼泪咬牙坚持学业。奥莉娅十分喜欢大哥亚历山大，大姐安娜也说，兄弟姐妹之中奥莉娅是最受亚历山大宠爱的一个。她的性格很多地方都很像亚历山大，沉稳、有责任感。稳重、温和的奥莉娅在听到哥哥被处死的消息时，悲痛欲绝，摔倒在地喊出来："我恨沙皇！我要杀死他！"她的好朋友阿诺尔德回忆当时奥莉娅在哥哥死后把他在狱中的照片带到教室的场景时，写道："我竭力控制自己不掉泪，可是她泰然自若的神态真是令人吃惊。她的表情是那样冷静、木然，一点也没有显示出自己的痛苦。"努力压抑自己情绪的奥莉娅就这样完成了自己的中学学业。接连经历重大变故的家庭如同一叶浮舟，孤单地随着时代的浪潮浮动。母亲怀着痛苦的心情变卖了在辛比尔斯克的全部家当，带着列宁和奥莉娅搬到了喀山，安娜在那里流放，列宁也即将在那里上大学。坐在轮船上的奥莉娅以平静而痛苦的眼神再次回望辛比尔斯克这座城市，再见了，金色的童年，再见了，兄弟姐妹与父母度过快乐时光的地方。

乌里扬诺夫家还活着的孩子们自此迎来了他们各自动荡的青年时代。

1887年底，伴随喀山大学被关停、许多参加集会的大学生包括哥哥列宁被捕的消息，奥莉娅越来越频繁地思考令她焦虑不安的未来，动荡的社会，惨死的大哥，决绝走上革命道路的二哥，所有这一切，都促使奥莉娅下决心要从事能给人民带来实际益处的事业。至于事业是什么，她还没有答案，但是她步履不停地在寻找这个答案。当时正在学习音乐的奥莉娅已经取得了很好的成绩，但是她并没有把音乐和自己的职业规划联系在一起，在给闺密谢尔博的信里直言：如果你能给人民带来更实际的益处，那么专门从事音乐工作就似乎感到问心有愧。小姑娘还不忘在信里给"问心有愧"四个字加上重点符号。她向往的是去赫尔辛基学医学，可以救死扶伤。

随着家人搬到阿拉卡耶夫卡村之后，那段时间奥莉娅过得十分忙碌，她在准备考大学。多年坚持学习外语的她已经熟练掌握了德语、英语和法语，并学了瑞典语。要考大学，还要学习古拉丁文。此外，她跟着列宁阅读了有关法兰西历史和英国文明史的著作。从小到大养成的阅读习惯伴随乌里扬诺夫家孩子的一生。

冬天，他们从阿拉卡耶夫卡搬到了萨马拉，因列宁被流放到这里，全家始终处于警察的监视之下。奥莉娅在十年制中学毕业时不仅获得了金质奖章，还同时取得了教师资格。她向萨马拉市议会递交了当老师的申请书，毫不意外，直接被拒绝了，原因不言自明。闺密谢尔博写信告诉奥莉娅，她们的一个同学已经在中学当法语老师了。奥莉娅却在回信里坦诚说道："虽然玛尔科娃找到了很好的职业，薪水很高，能被社会很好地承认，可我并不羡慕她。"可能有人会说奥莉娅这话怎么听起来有点"吃不到葡萄说葡萄酸"的味道，你自己想当老师没被批准，同学当老师了你还专门说"不羡慕"。看看奥莉娅为什么这么说吧。"我对国民学校的教师更有好感，最诱人的是，国民学校的老师能每天给学生上课，而不是每周只上三节，那样的话，国民教师除了教课还能用生动的语言感染他们。"这一想法和父亲伊里亚一脉相承。在奥莉娅看来，什么样的工作值得羡慕呢？奥莉娅继续写道："依我看来，那种愿意造福于人，又能给人们带来实际益处的人，才值得羡慕……而法语课与其说是实际利益，不如说是一种消遣。"

很快到了申请大学的时候了。1890年3月29日，奥莉娅向萨马拉省长申请她上大学的"政治可靠证明"。在那个时代的俄国，这是上大学的先决条件，对于其他同龄人来说，可能这只是一个例行的程序，到了奥莉娅身上，就没那么顺利了。省长办公室先去征询了警察局长的意见，警察局长思虑再三给了答复："目前没有发现她的可疑之处。"于是，她得到了"什么活动都没有参加"的证明。有了这个证明，奥莉娅将自己准备好的入学申请材料提交给了彼得堡女子高等学校。材料清单里有出生证、中学毕业证书、政治可靠证明，还要附上母亲玛丽亚同意女儿去读大学的许可证明以及能够保证供应学费和生活费的证明信。9月1日这天，彼得堡女子高等学校的办公室收到了奥莉娅申请入学的全部材料，奥莉娅被心仪的物理数学系录取。等一下，她不是立志要学医吗？确实，奥莉娅本来希望到赫尔辛基大学学医，但是这个大学要求学生掌握芬兰语，考虑再三，奥莉娅觉得再花一年时间学新的语言有些浪费，于是改换了志愿。

进入大学的奥莉娅如鱼得水，在别人看来跟鬼画符一样的高等代数成了她大一最喜欢的一门课。奥莉娅并没有放弃从医的志向，她给母亲写信告知彼得堡大学在下个学年将开设医学系，兴奋之情溢于言表："不管怎样，今年对我来说都是有益的，因为医生很需要数学和化学。如果我今年多学点化学，那么到医学系就可以腾出时间学习解剖学和其他课程了。"

在奥莉娅的思想成长过程中，浓墨重彩的一笔是她接触了马克思主义的理论。领她进门的人自然是列宁。亲密无间的兄妹俩在阿拉卡耶夫卡时读了马克思的法文版《哲学的贫困》，也是在这时候列宁开始系统地研究科学社会主义，在当时偏僻的农村，很难看到马克思和恩格斯的著作，列宁能看懂德文版的《共产党宣言》，还带着奥莉娅一起阅读了恩格斯英文版的《英国工人阶级状况》。到了大学，奥莉娅自己认真研读了《资本论》，写了很详细的笔记。列宁在1891年春抵达彼得堡，他经常去探望奥莉娅。这时的列宁在准备彼得堡大学校外考生的国家考试，奥莉娅负责给他借书，为了让哥哥顺利通过考试，她还去找学校法学系的同学打听考试要做什么准备、怎么复习。奥莉娅自己的学习也很紧张，有五门课要考试，最后一门考试是物理，定在5月7日。像其他大学生一样，还没放假奥莉娅已经开始畅想假期怎么过，但谁也没有想到这是她生命中最后一个春天。考完试的列宁和奥莉娅一起在涅瓦河畔散步，他又怎么能想到这是最后一次与妹妹散步畅聊？4月的时候奥莉娅突然得了急性肠道传染病，列宁把妹妹送到亚历山大罗夫医院治疗，最初几天他们都觉得妹妹很快能康复，没想到情况急转直下，最终，在1891年5月8日（又是5月8日，四年前的同一天，亚历山大被处死），不满20岁的奥莉娅在妈妈和哥哥的陪伴下永远地闭上了双眼。

弟弟德米特里

列宁的弟弟德米特里小名叫米佳，继承了外祖父勃兰克的衣钵，成为一名医生。德米特里出生于1874年

8月，与家人在辛比尔斯克度过了一段快乐的童年时光。德米特里学习成绩同样优异，顺利考入莫斯科国立大学医学部，20岁的德米特里参加了大学生小组，像哥哥姐姐们一样走上了革命之路。1896年的秋天，德米特里带着妈妈的嘱托到狱中探望哥哥列宁，第一次看到监狱，看到铁栏杆另一边的消瘦的哥哥，德米特里心情沉重，从此，监狱、革命和牺牲由习以为常的概念变成了具象化的实景，倒是乐观的哥哥给他讲起了笑话缓解压抑的气氛。

这次会面后不久，德米特里因从事革命活动也被捕入狱了，并被莫斯科大学开除。在19世纪90年代的俄国，鼠疫和霍乱是人生命健康的最大威胁，当时许多俄国学者都将精力放在研究流行病上，医学院的学生纷纷报名参加抗流行病的研究工作，德米特里也在其中，他报名当扑灭鼠疫的志愿者，和他一起的很多同学都在考虑提前结束医学院的学习。这时已经是德米特里大学学习的最后一年，但他连纠结要不要提前结束学业的机会都没有——他被捕了。没有来得及同流行病做斗争，德米特里被关进了莫斯科的塔干卡监狱。

要不要去争取毕业？德米特里有些犹豫，是列宁坚决鼓励他去争取："对于你来说，医学不是妄想，而是一种使命。我相信，你不会去做一个时髦的大夫，而会到地方自治会去。在那里才能同人民建立密切的联系……地方自治会的医生的活动也会帮助你的实际工作和党小组的工作。米佳，我们非常需要可靠的人。"革命不是请客吃饭。无产阶级革命事业需要各行各业的人才，而且是顶尖的专业人才。在哥哥的鼓励下，德米特里在一年后出狱，他顶着警察24小时监视的压力，争取到了继续完成学业的权利——在尤里耶夫大学学习了两个学期，于1901年12月毕业。其间他参加了《火星报》的组织工作，在行医的同时还秘密在图拉开展党的工作，实际上早在1897年，德米特里就跟图拉当地的社会民主党组织联系上了，后来在图拉被选为俄国社会民主党第二次代表大会代表。

图拉、辛比尔斯克、敖德萨和克里木等很多地方都留下了德米特里革命的足迹。几年的时间里，德米特里多次被捕入狱，被警察监视已经成了家常便饭。老是被监视着，还怎么开展工作？德米特里要改变这样的现状。1904年底，饱受霍乱流行病摧残的东部地区急缺医务人员，但当时本就稀缺的地方医生大多数都被动员去参加日俄战争了。出狱后的德米特里申请调自己去阿克莫林斯克省去处理霍乱。申请久久没有下文，找了医务部门的领导还是无功而返，他不知道他这样的"危险分子"提交的申请在各部门之间要秘密开会研判很多次。有关部门的研判还没有结束，德米特里的朋友就为他在故乡辛比尔斯克找了保健医生的岗位。抵达家乡后，德米特里马不停蹄地开始研究起当地的霍乱情况。工作刚开展的时候，只有另一个保健医生齐诺维支持他，与他并肩开展工作，他们同为党内同志。德米特里要来了所在县1892年发生的霍乱流行病的全部资料，夜以继日地认真研究，一些地方官员讥笑他危言耸听、吃饱了没事干。德米特里并不在意只是埋头工作。齐诺维在他工作完成后，握着他的手感动不已："您使我想起来您已故的父亲。"德米特里疑惑了，您认识我的父亲吗？原来齐诺维还在上小学的时候，在神学课上回答问题惹得授课的神父大发雷霆，他大声吼着："你给我跪下！我要狠狠打你这个渎神的混账！"可以想象，这对于一个年幼的小学生来说多么可怕。齐诺维被吓得发抖，这时，他感到有个人用有力的手拥抱了他，那个人就是时任辛比尔斯克国民教育总监伊里亚·乌里扬诺夫。神父怒吼着要狠狠打他的时候，伊里亚走进了教室，坐在了这个可怜孩子的课桌前，神父只能作罢。齐诺维的话让德米特里也跟着回忆起在辛比尔斯克和父母、兄弟姐妹们一起度过的幸福童年。他记得，哥哥列宁就是在这里教会他游泳的。以前的房子前面有一棵白杨树，姐姐安娜很喜欢，所以他们都称之为"安娜的小白杨"。时过境迁，现在那棵树已经没了。以前到了晚上，父亲在书房里工作，两个哥哥在阁楼的小房间里学习，母亲在楼下餐厅的大桌子旁做针线活，安娜和奥莉娅在妈妈旁边写作业，而他和最小的妹妹玛丽亚在房间里跑来跑去。回忆让他感到温暖。

德米特里把自己积累的流行病资料连同结论在内部的《辛比尔斯克省医务保健报》上发表，到1905年，他的调查研究成果才在公开刊物上发表。德米特里在工作过程中确定，同流行病做斗争应当把"必须改变人民生活的一般条件问题"放在首位。如果不改善人民的生活条件，再多的治疗都不能从根本上解决问题。

1905～1906年，德米特里所在的俄国社会民主党辛比尔斯克小组小心谨慎地进行着秘密活动。宪兵局长扬扬得意地认为，烧几张"告农友书"的传单就能灭掉布尔什维克的"传染性"。可是，在这个辽阔的省份，这种传单不是在这儿出现，就是在那儿出现，越来越多的工厂罢工、农民集会都是辛比尔斯克小组活动的成果。

1914年，世界大战爆发，德米特里应征入伍，担任军医的他还有一个任务——在士兵中宣传党和革命。德米特里在塞瓦斯托波尔迎来了1917年十月革命的炮声。海面上停着一百艘战舰，舰上有4万名水兵，人数不多的塞瓦斯托波尔的布尔什维克小组给自己设定的任务，是把水兵从社会革命党、无政府主义者和孟什维克的影响下争取过来。显然，这是个艰难的工作。

德米特里在到塞瓦斯托波尔以前，从没有在人多的场合发表过演讲。这次，他站在甲板上，充分展现了一个出色的布尔什维克宣传工作者的风采。他不疾不徐先报上自己的身份：布尔什维克党代表，军医乌里扬诺夫。紧接着，他掷地有声地提出了一个与听他说话的每一个人都有关系的问题：开战8个月来，临时政府一个问题都没有解决，战争还在继续，经济崩溃还在加剧，忍饥挨饿的人只增不减，而资本家却和没开战以前一样掌握着巨额财富，地主也和以前一样占有成千上万的土地。德米特里不忘提醒水兵们，在二月革命的时候，红旗上写着法国革命的口号："平民要和平，贵人要战争！"但是现在呢？睁眼看看吧，是谁要战争？社会革命党人背叛了平民，站到了贵人的一边。在听他发言的人群里有社会革命党人，一听这些话就炸毛了，气急败坏地吼道："别听他的，他是德皇威廉二世派来蛊惑人心的！只有社会革命党才能拯救俄国！"听众里有人已经被德米特里说服了，大声反驳："你们社会革命党就是燕麦粥，非要把自己吹成奶油。"大家都笑了。德米特里在轻松的氛围中以塞瓦斯托波尔对于俄国革命的意义结束了自己的发言。集会还在继续，各个不同党派的代表都发了言，最终，军舰官兵高票赞成布尔什维克革命。

同一天，布尔什维克市委员会号召并组织了塞瓦斯托波尔基地的舰队及要塞的所有人员上街游行，当时在苏维埃执行委员会的25个委员里，布尔什维克代表只有4人。到12月中旬，在塞瓦斯托波尔组成了革命委员会，几乎全部都是布尔什维克。

到了1917年，德米特里担任塔夫利达省党委会委员和《塔夫利达真理报》的编委，1918年4月克里木被白匪占领后，他在叶夫帕利亚建立了地下中心，负责同克里木地下组织的联络工作。1921年起，他在莫斯科人民卫生委员会工作，1925～1930年在斯维尔德洛夫共产主义大学任教，德米特里于1933年到克里姆林宫医疗卫生处工作，直到1943年逝世。

妹妹玛丽亚

1918年7月，在莫斯科大剧院外，摄影师捕捉到了步履匆匆的两个身影，他们是去参加第五届全俄苏维埃代表大会的。走在前面的是列宁，紧随其后的就是最小的妹妹玛丽亚·乌里扬诺娃。

玛丽亚出生于1878年2月，她身体弱小，比哥哥姐姐们要差一点，经常生病，哥哥列宁给她取了个外号"含羞草"。在辛比尔斯克，她是无忧无虑的，可是金色的童年在她不到 8 岁的时候戛然而止——这一年，父亲过世了。刚过了一年多，在彼得堡读大学的哥哥和姐姐，一个被杀，一个被捕。他们全家不得不离开辛比尔斯克。

也许是因为玛丽亚年龄最小，她在哥哥姐姐们的宠爱下长大。哥哥列宁对她更像是父亲培养女儿。无论时间多紧张，工作多忙碌，他都要挤出时间来写信询问玛丽亚的学习情况，身体健康情况，读了哪些书，写了什么文章，等等。姐姐奥莉娅在她准备小升初的时候悉心辅导，德米特里是她最好的玩伴。1895 年，玛丽亚中学毕业，接着进入莫斯科高等女子学校继续读大学。受家庭影响，玛丽亚毫无悬念地选择了革命道路，在她不知道为从事革命事业该读哪些书的时候，列宁给她拟定了一个自学马克思主义的计划。在列宁的指导下，聪明的玛丽亚迅速成长，到上大学的时候，她已经读了马克思、恩格斯、考茨基和普列汉诺夫的著作。

1895 年，列宁被捕。第二年，玛丽亚和姐姐为了离列宁更近一些便来到彼得堡。在列宁身陷囹圄将近三年的时间里，姐姐安娜负责给狱中的列宁传递书籍、用密码通信，玛丽亚则是信息的中转站，她负责把列宁的话传递给党内的同志，或者同一些人碰头，得到列宁需要的信息后再通过姐姐传递给列宁。在逼仄的牢房里，列宁在坚持写作《俄国资本主义的发展》这本书，玛丽亚由衷地佩服哥哥。从此以后，帮助列宁找书、给他寄送所需的书籍资料，成了玛丽亚持续大半生的工作。

在 1898 年，玛丽亚正式成为俄国社会民主党的一员。在帮助哥哥列宁的同时，她还在工人和知识分子中间宣传马克思主义，参加并组织政治罢工，组织秘密小组、街头游行和非法集会。随着工作的开展，玛丽亚越发感到在女子高等学校所学的知识太少了，她需要出国留学。在家人的支持下，玛丽亚到了比利时。即便到了布鲁塞尔，她依然在帮助列宁，把列宁需要的报纸、著作、目录和速记报告都找齐了，用稳妥的方式寄给列宁。第一学年结束，玛丽亚迫不及待地回国，在波多利斯克见到了日思夜想的母亲和姐姐。放假的玛丽亚坐不住，想去参加革命工作，与在莫斯科的党员们取得了联系，又开始了散发秘密书刊、参加秘密集会等"常规"工作。9 月 30 日这天，玛丽亚被捕，10 月在警察的监视下被流放到下诺夫戈罗德。她的罪名是与国外的革命者联系，帮助向俄国运送政治书籍。最终，乌里扬诺夫家最小的孩子也开始经历被捕和被流放的生活了。后来因指控证据不足，1900 年 1 月，玛丽亚获准返回莫斯科。但是，她没有办法再去布鲁塞尔了，警察把她的护照扣留了，禁止她出国。

新的生活——职业革命家的生活——开始了。

1900 年的秋天，玛丽亚与莫斯科"火星派"取得联系，并且为《火星报》创刊号写稿。那时的她不知道，她发表在创刊号上的短评成了她未来卓越的新闻工作的起点。1901 年 3 月，玛丽亚再次被捕，随后被关进了塔干卡监狱（哥哥德米特里也在这儿坐过牢）。警察把她关进了条件最恶劣的牢房，禁止任何亲属探视，想用这样的折磨让她屈服。玛丽亚坚持了下来，检察机关始终没找到有力的证据来起诉她。半年后，在调查还没有结束的情况下，警察就把她从牢房里带出来押送到了萨马拉。最初，玛丽亚不准在萨马拉工作，妈妈从抚恤金里省出钱来寄给她，同志们也帮助她；后来她获准可以工作后，就在萨马拉省地方自治局公路建筑处当了一名办事员。革命的工作还在继续。有一次宪兵来搜查她的房间，发现了一个写满数学符号的笔记本。"这是什么？"宪兵阴沉着脸发问。玛丽亚淡定回答："这是我的习题集。"宪兵翻来翻去好几遍，还是没发现什么可疑的地方。他不知道的是，这个本子上记录的都是各个委员会的地址、秘密接头点和秘密住宅的详细地址。

时间流逝，革命形势在变化。党的工作中心转移到了基辅，基辅成了俄国革命的中心枢纽。俄国社会民主党第二次代表大会召开，围绕着党的核心原则等最根本问题分裂成了两派——我们耳熟能详的"布尔什维克"和"孟什维克"（俄语"多数派"和"少数派"的音译）。当时正在秘密进行工作的党中央俄国局搬到了基辅，基辅的党组织工作明显更多了。在基辅当医生的德米特里参加了俄国社会民主党第二次代表大会，当选为布尔什维克中央的党代表，他也是家里第一个搬到基辅的，玛丽亚和安娜作为火星派的代表也先后来到了基辅，于是这里不经意间形成了一个"乌里扬诺夫中心"。一见面，姐弟几个有说不完的话，大家互相询问、交换关于列宁的消息，听德米特里介绍代表大会上的斗争情况。受到代表大会的鼓舞，姐弟几个以更饱满的热情投入到工作当中。当时的革命小组流传一句话："你有你的打算，宪兵有宪兵的对策。"乌里扬诺夫姐弟在基辅刚开展工作不到三个月就被捕了。其中，德米特里被关了将近一年，安娜、玛丽亚和德米特里的妻子安东尼娜被关进了卢基扬诺夫卡监狱。虽然被关在狱中，但宪兵们始终没找到关于乌里扬诺夫一家从事革命活动的任何罪证，所以咱们可以在革命小组那句流行语后面加一句话："你有你的打算，宪兵有宪兵的对策，革命者有革命者的妙计。"他们深谙秘密作战的要领，创建了无数套传递信息的密码体系，在受审时都表现得机智又无畏，拘审他们的宪兵实在是头疼不已。最终，玛丽亚和安娜被关了半年后先后因证据不足被释放。随后一家人搬到了彼得堡附近的萨博里诺。这个时候的玛丽亚已经成了党内"知名的同志"，她把所有的时间用于革命事业，与其共事过的所有同志无一例外都对她留下了"一直在工作，不记得什么时候休息过"的印象。

从1917年起，玛丽亚担任《真理报》的编委和责任秘书，在这个岗位上一干就是10年，主编"工人生活"和"女工之页"两个栏目。其间她还倡议并领导创办了《工农通信员》杂志。玛丽亚在第十四、十五、十六次党的代表大会上当选为联共（布）中央监察委员会委员，后来还担任联共（布）中央监察委员会主席团成员和苏联工农检察人民委员部部务委员。1932年起在苏联工农检察人民委员部和俄罗斯联邦工农人民检察委员部的联合申诉局工作。随后，在第十七次党代表大会上被选为

*

列宁全家福，辛比尔斯克摄于 1879 年

直属苏联人民委员会的苏维埃监察委员，并领导申诉局工作。

1937 年 6 月的一个深夜，开完莫斯科党代表会的玛丽亚和平时一样继续回到办公室工作，突然昏倒在地，医生诊断为脑出血。为了抓住抢救时机，医生决定直接在办公室就地医治，遗憾的是，玛丽亚再也没有清醒过来，她是一名战士，在战斗的地方站完了最后一班岗。玛丽亚被安葬在红场克里姆林宫墙下，距离她最爱的哥哥列宁的陵墓很近。

第二章

他"将会胜过哥哥和姐姐，前途更加远大"

过早离世的父亲伊里亚没有机会看到子女们以后先后走上革命道路的人生轨迹。在他生前，邻居、同事和亲友都不止一次夸赞他家孩子聪明、懂事，每次听到这样的夸赞，伊里亚和妻子玛丽亚都很开心很自豪，孩子受到夸赞比自己受到夸赞还要令人满足。有一次，又有一个朋友被还在上小学和中学的乌里扬诺夫家的孩子震撼到了，发自内心地称赞他们优秀，伊里亚留下了这样一段评价："我没有不称心的孩子，但他们各不相同。第一对——亚历山大和安娜，他们是有本领的、有才华的，将来会有大成就；第二对——弗拉基米尔和奥莉娅，这是我最喜欢的一对，他们将会胜过哥哥和姐姐，前途更加远大；第三对——德米特里和玛丽亚，他们也是很有才干的。"不是预言，胜似预言。

第一节　幼年二三事

在列宁出生后，父母终于买下了一套房子，他们搬到了靠近斯维亚加河的带阁楼的家里。从此这个带着小花园的房子承载了列宁和兄弟姐妹们最温暖的一段记忆。新居面向主街，一年到头灰尘很大，但瑕不掩瑜，房间布局宽敞明亮，小小的列宁也有了自己的房间。新家的一层分别是书房、父母的卧室、餐厅、廊道、客厅和厨房，阁楼上还有 4 个小房间。阁楼，这简直是每个孩子的"梦中情房"了。列宁住在朝东的一个小房间，隔壁是哥哥亚历山大。他把自己珍爱的读本《小马格尔布诺克》《睡公主和七勇士》《邋遢鬼斯捷潘》放在小书桌上，有时还把书房里爸爸的一些教育书籍带过来，小小年纪学着哥哥的样子在自己的房间里上自习。爸爸也很喜欢这些房间，休假在家的时候他喜欢在各个房间走来走去，看看这个角落，看看孩子们在干什么，看看家里在做什么午餐……家里的装饰简单，哪怕是现在流行的"极简风""断舍离"都要自惭形秽，没有宏伟的油画，没有豪华的家具，唯一的特色就是这个家里有好多书啊。房子的外面连着一个面积不大但是非常漂亮的花园，我想这是促使列宁父母买下这栋房子的重要原因。到了夏天，郁郁葱葱的树木搭建起自然的阴凉，五颜六色的花朵开遍花园的各个角落；到了秋天，好几种果子挂满枝头，落叶把地面铺上秋日的毯子。这里成了孩子们最喜欢的乐园。

天性活泼的列宁和相差一岁的妹妹奥莉娅最喜欢在

花园里玩游戏。顽皮的列宁显然在戏弄弟弟妹妹这方面具有天赋。有一回他和妹妹奥莉娅玩"赶马人"游戏，两人轮流一个当马，一个当赶马人。轮到列宁当赶马人的时候，他用绳子套着"马"，模仿赶马人的样子让妹妹往前走，奥莉娅演得很卖力。轮到列宁当马的时候，奥莉娅用绳子当马鞭赶着列宁走，列宁这匹"马"却呼哧呼哧大喘气，半步不挪窝。奥莉娅准备"鞭打"这匹喘大气的"马"的时候，"马"突然就挣脱绳子跑到一边去了。奥莉娅被气到了，一屁股坐在草地上，噘着嘴："哼，我不玩了。"列宁忙做个鬼脸，笑嘻嘻地说："马比人的力气大多了，赶马人得爱惜马儿，给马喂点好吃的，比如有咸味的黑面包。吃了面包，马就乖乖听话啦！"奥莉娅眨了眨大眼睛，果然跑回家去厨房里找面包去了。

调皮——是列宁的姐姐安娜回忆他小时候常提起的一个关键词。喜欢玩具是每个孩子的天性，列宁也不例外。但是，到他手里的玩具基本上就"再也回不去"了。过3岁生日的时候，列宁收到了一个小马玩具，精致的造型一下子就戳中了他的心。小手捧着精致的小马躲到门后去玩了。引用一句时下流行的话——"娃在静悄悄，肯定在作么"——不到10分钟的光景，当姐姐安娜找到列宁和他的玩具的时候，此时的"小马"已经面目全非、七零八落了——一条腿歪在地上，脚已经断了，尾巴被揪下来扔在一边，此时的列宁还在使出吃奶的力气去抠马的眼睛。大人们想训他，深呼吸几次，默念"……是亲生的……是亲生的"，总算忍住了，还要装作和颜悦色地问他为什么要搞破坏。3岁的列宁眨眨疑惑的眼睛，说："我想看看它里面有什么东西。"遭此厄运的不止小马，还有弟弟的笛子、妹妹的布娃娃。只因列宁对玩具的内部构造感兴趣，笛子被砸开了，因为他要研究空气如何通过笛子的闸门；布娃娃的眼睛被弄坏了，因为他要看看为什么布娃娃的两只眼睛一会儿睁开、一会儿闭上。

淘气是天性，并不代表列宁是一个顽劣的小子。列宁听从大人的管教，真到要受惩罚的时候，他会老老实实地挨罚，比如他小时候最害怕妈妈罚他坐在一个椅子上不准动。犯了错误的小列宁，也会勇敢承认错误。8岁那一年，有一次，妈妈带着他们去姨妈家做客，小孩子们聚到一起太快乐了，玩起游戏来浑然忘我，一不小心他把姨妈家客厅的一个花瓶打碎了。紧张的他在面对姨妈询问的时候，撒谎说不是他打碎的。回到家，到了晚上，列宁在床上"摊煎饼"，想到自己撒谎了难受得睡不着，嘴里一直在嘀咕"玻璃瓶……花瓶"。妈妈还以为他发烧了，过来摸摸他的前额，列宁坐起来向妈妈承认——是他打碎了花瓶，但听到哥哥姐姐们都抢着回答姨妈"不是我打碎的"之后，他也跟着说了这句；他撒谎了，请求妈妈写信向姨妈请求原谅。

第二节　没上过小学的小学生

时光飞逝，转眼到了要上小学的年纪了。用我们现在的标准，列宁就属于"幼小衔接"顺利完成的学生。

他 5 岁就学会了识字，能够自己阅读儿童读物，而且受家庭影响，非常喜欢阅读。列宁先被爸爸放在了小学预备班——相当于咱们的学前班，按照伊里亚的想法，他希望列宁早点上学，在学校里接受习惯教育、劳动教育和知识教育更有体系。但是比列宁大 4 岁的哥哥亚历山大作为"过来人"则提出早上学一点好处都没有。父亲不解，列宁听到这个说法也很好奇。亚历山大用自己的经验解释道——不要早早让沃洛佳（即列宁）去体验那种压抑的束缚，我觉得这个学校是全省最坏、最腐败的学校，校长维什涅夫斯基不学无术，没有管理学校的才能。每天在学校里无聊地坐到三点钟放学，真没意思。列宁很信任哥哥，一听就深表认同，在父亲还在犹豫的时候不忘记加码——我也不喜欢现在的预备班，学不到什么东西，纯属浪费生命。两个儿子左一句右一句，听上去有理有据的，尤其对亚历山大，伊里亚很信任这个大儿子。那你打算怎么学习呢？爸爸询问列宁的想法。列宁表示，教师瓦西里·卡拉什尼科夫教得很好，他想继续跟着瓦西里老师学习。之前，安娜和亚历山大在上学前都跟着瓦西里学习过，伊里亚是了解这些情况的。于是，伊里亚决定不要求列宁去上小学了。但是列宁跟着瓦西里也只上了几个星期的课，因为从他们家去瓦西里老师的家实在是太远了！于是，列宁主要靠在家自学。前文已经有叙述，这个家里最不缺的就是教育者，父亲、母亲、哥哥姐姐，都可以教列宁。想想妹妹奥莉娅只有 4 岁的时候就跟着 5 岁的列宁一起学会了识字。所以说，不怕学霸会学习，就怕学霸一大家。列宁自学的程度让父亲伊里亚非常满意，他有时间就检查他的读写和计算，最终很确定，即便列宁在家待一年，不经过预备班或请家教，上中学也完全没问题。现在深受补习班之苦的同龄人们真是要流下羡慕的泪水了。

除了学习有字之书，列宁和兄弟姐妹们还一起跟着妈妈学习无字之书。妈妈玛丽亚是个勤劳勇敢的榜样，她也有意识地培养孩子们的劳动技能。吃完饭，女孩子们要和妈妈一起洗碗，男孩子们则要搬椅子、擦桌子。虽然在家自学，没有放假和不放假的区分，但列宁最喜欢暑假，因为每年一到暑假，哥哥姐姐放假回家，爸妈就会带着他们到老家科库什基诺村住将近两个月，住的地方是外祖父勃兰克医生留给女儿们的一栋破旧的两层木板楼房。他们从辛比尔斯克乘船先到喀山，然后再坐40俄里的马车才能到达。暑假的一个固定项目是爸爸带着亚历山大和列宁去附近的乌什尼亚河游泳，有时候甚至一天去游好几次。列宁高超的游泳技能就是这样练出来的。上午，他们会和父亲到森林里散步，这里的森林既有高耸入云的百年老树，也有郁郁葱葱的矮小灌木丛，走进天然氧吧，满眼生机盎然，漫步其中的人心情不自觉就愉悦起来。父亲会低低唱起自己中学时候最有影响力的歌谣，孩子们跟着一起唱起来，歌声越来越响亮：

博爱、平等与自由
这些美好的理想
本是大自然的产物……

转眼，新年到了。每年过年是乌里扬诺夫家最热闹的时候。套用时下很流行的一个话题——"拥有不扫兴的父母是一种什么样的体验"——伊里亚和玛丽亚是很合格的"不扫兴的父母"。他们积极组织孩子们过节，带着孩子们动手制作所有的装饰、礼品，孩子们的节目、游戏都能看到两人积极参加的身影。

列宁用亲身的经历展示给我们，广泛的兴趣爱好不需要靠兴趣班和一对一的授课来培养，兴趣爱好就是兴趣爱好本身。他喜欢打猎、游泳，喜欢和家人一起在花园里打槌球，在房间里和父亲、哥哥下象棋。此外，列宁在小学时候就展现出很高的音乐天赋，别忘了，列宁的父母就是因为音乐结缘，可见，家庭的熏陶太重要了。列宁在8岁左右的年纪已经可以熟练地弹奏很多儿童歌曲，还可以和妈妈或者安娜表演四手联弹。但是让妈妈一直觉得可惜的是，他后来上中学之后就不怎么弹钢琴了，因为他听到有人说弹钢琴太"娘"了——男子汉弹什么琴。可见，性别刻板印象真是"毁"人不倦，要不得！后续一件事很有趣，13岁那年，知道乌里扬诺夫一家都喜欢音乐的好友给他们送了一架手风琴，哥哥、姐姐和妹妹都没有学会，列宁出于好奇没多久就学会了，能够流畅地演奏出《一辆跑得飞快的三套马车在大道上奔驰》，在家庭音乐会上博得全家的掌声。列宁很喜欢唱歌，他跟着妈妈学会了《快马》《燕子之歌》，还喜欢唱海涅作词的《美妙的小眼睛》、歌剧《浮士德》里瓦连京的咏叹调；跟着保姆学会了《财主大混蛋》《抱着钱罐常失眠》《穷人贫如洗》等民谣。在家庭音乐会上，乌里扬诺夫一家每年有例行的歌唱节目。列宁和妹妹奥莉娅最喜欢合唱《杳无人迹的大海》：

> 我们的大海杳无人迹，
> 它日日夜夜喧闹不息；
> 数不清的灾难和不幸，
> 淹没在这不祥的海底。
>
> 只有勇敢无畏的人，
> 才能被波涛送到彼岸！
> 弟兄们，我的风帆坚固无比，
> 让我们乘风破浪勇往直前！

第三章

"学习对他来说并不难"

姐姐安娜在很多年后回忆起中学时代的列宁时，印象最深的就是学习对他而言并不困难。他从入学的第一年就一直是优等生，列宁可以把枯燥的拉丁文、古希腊文学等中学课程学得很好，也能有充足的时间阅读自己喜欢的书籍，快乐地进行体育锻炼或游戏。如果没有发生父亲突然离世和哥哥被处死这些事件，也许列宁的中学时光将一路明媚灿烂。他成绩优秀，获得中学毕业最高荣誉——金质奖章——是众望所归，但这枚带血的奖章历经曲折才颁发给了列宁。家庭遭遇重大变故，列宁一瞬长大，成了母亲和兄弟姐妹的精神支柱。

第一节　"别人家的孩子"

1879 年的秋天，9 岁的列宁正式成为一名中学生。他入读的学校叫辛比尔斯克古典中学，这是一所贵族学校。平民出身的列宁还有哥哥姐姐们得以先后入读这所学校，靠的是教育部门职工子女享有的优惠入学政策。开学第一天，列宁穿上崭新的校服，校服领子很高很硬挺，八颗银色的纽扣整齐地排列着。列宁的保姆依依不舍，把他叫住，让他坐着向上帝祷告，祈祷学习好。真是又好玩又温馨的画面。怀揣着上学的激动心情，列宁正式入学了。

从开始上学的第一天，列宁也要和哥哥姐姐一样遵照严格的作息制度，早上不能赖被窝，7 点准时起床，洗个凉水澡，收拾床铺，然后复习功课，直到妈妈把早饭和热茶端上饭桌。在家里，吃饭也有严格规定，必须"光盘"，不能浪费食物，喝完茶之后要在桌旁安静坐一会儿，避免身上热乎乎地便突然跑出门受凉感冒。

列宁就读的古典中学是那种很传统的重点中学。教育部门特别注重在古典中学肃清所谓的"罪恶的自由的思想"，严防学生沾染所谓的"有害的社会思想"。学校管理者怎样实现这个目的呢？简单直接的手段就是让学生埋头学习，累到没有力气"胡思乱想"。因此，这个学校的教学内容里古希腊文和拉丁文等古典语文学习占了极大的分量——要求学生死记硬背语法，并叫学生把专门选出来的枯燥无味的翻译选段，从俄文译成拉丁文和古希腊文。天天学这么难的语言，谁还有心思和时间去阅读其他的书籍。在学校开设的课程里，自然科学、文学和历史所占的分量很轻。

列宁偏偏是个例外。从第一天入学，他就成了那个传说中"别人家的孩子"。虽然他从小活泼好动，有好多淘气的点子，但是对待学习，列宁非常认真。上课专心听讲，心无旁骛，加上天资聪明，他在课堂上能够很快地掌握所学的新内容。放学回到家几乎不用怎么复习，往往三五下就把作业写完了。写完作业无所事事的列宁又开始重启淘气模式，在家里翻跟斗、蹦高，忙得不亦乐乎，经常干扰到还在复习的哥哥和姐姐。这时候，父亲伊里亚就会把列宁叫到书房检查他的功课。面对父亲仔细的考核，他对答如流。

聪明，学习认真，"开挂"模式的列宁成了同学们最愿意求助的学霸。遇到不会的题目、不懂的语法，大家都习惯于找列宁帮忙，列宁从不拒绝大家的求助，与同学们相处得很好。尤其在拉丁文课上，同学们恨不得向列宁高呼："你——是——我——的——神——"老师巴维尔的授课习惯是点名让学生来翻译，如果第一个被点名的学生回答不上来，不准坐下，第二个同学继续回答，直到有一个同学翻译对了，前面所有答不上来的同学才可以坐下。有次上课，巴维尔老师提问的一个题目是把一整段话里面最难的那个生词从俄文翻译成拉丁文。老师一连点了12个同学，都没有回答对的，大家杵在座位上，面红耳赤，一双双大眼睛恨不得安上大喇叭喊出来：老师，你快点列宁来回答吧。老师和列宁的眼神对上了，结果老师撇开了目光，转到列宁后面的同学继续点名作答，结果班上快一半的同学都被叫起来了，齐刷刷站了一大片。老师总算决定放过大家，点了大家都用眼神呼喊过好多遍的列宁。列宁不仅把那个拗口的生僻词给翻译了三遍，还把整个句子和一个大长段都翻译出来了。站着的同学总算可以坐下了，没被点到的20多个同学更是长舒一口气——安全了，乌拉!

课余时间列宁流畅地翻译了古希腊历史学家修昔底德和希罗多德、古罗马作家西塞罗和恺撒、历史学家李维和诗人维吉尔、贺拉斯、奥维德的作品，以及荷马、索福克勒斯的作品。同学们称列宁为"备用词典"。列宁喜欢读书，为了不让学校枯燥的古文教学占据看课外书的时间，他养成了高效率听课、写作业和复习的学习方式，比如自己摸索出能够节省时间的做摘录的方法、制定学习和阅读的一日时间表等。

新调来的校长费多尔·克伦斯基教授给列宁他们讲文学和逻辑学两门课。列宁是一个没有拖延症的人，校长的课经常布置两个星期写一篇作文，列宁通常都是从作业布置的当天就动笔写，绝不拖到最后期限。拖延症深度患者是不是看到这里已经要羞愧了，哈哈。列宁的写作习惯也别具一格。他会在四开的纸上先列好提纲，开头是引言，最后是结论;然后把白纸对折，左边是草稿面，用铅笔在当草稿的这半面写，便于涂改;查阅资料后，他就动笔在纸的右半边写上对草稿的补充和修改，把摘录的文献资料注明出处和页码。这样，纸的右半边内容就越写越多。用不了一个星期，列宁已经把需要的素材都整理得差不多了。于是，他用钢笔写正文，写完之后，诵读一遍（这个习惯是不是语文老师们最常赞扬的方式），确定都通顺了之后，拿出干净的本子，把写好的作文誊抄到作文本上。克伦斯基校长对列宁的作文青睐有加，给他的打分都是专属的"5+"，最高分通常是5分。遇到列宁的爸爸或者妈妈，克伦斯基会当面表扬列宁的作业，认为列宁的作文能看出来是深思熟虑的结果，写作条理清晰，语言简练没有废话。课堂上他也不吝于对列宁的表扬："乌里扬诺夫遵守古人的明训：言简意赅。我劝你们青年人都遵循这一点。"其实，不仅仅是中学作文如此，列宁的文风一直是稳定的言简意赅、鞭辟入里。有兴趣的同学们不妨读几篇列宁的代表作，比如《国家与革命》《怎么办？》，你会发现，他的中学校长的评价依然适用。

有一次，列宁写的作业——《人民生活安乐的原因》给校长留下很深的印象，他读完了之后，眉头紧锁，显然不像以前一样满意。校长找来列宁问道："你在作文里写的是那些被压迫的人？写这个干什么？"列宁站起来，正要说明自己的想法，可是校长马上挥手制止："不必解释，你把作文本拿回去吧。"回到自己座位上，列宁打开了作文本，末尾，是一个"5分"。

列宁每次拿回家的成绩单，大同小异：拉丁文，5分；历史，5分；古希腊文，5分……父亲努力克制自己的喜悦之情，要装出平静的样子轻描淡写地看看成绩单。父亲一度担心，如果学习对于列宁而言一直这么容易，他会不会没有办法养成认真对待工作的习惯？好在父亲经过观察确认列宁在学习和其他事情上都是态度认真、端正的，不至于因为有天赋而懒惰和懈怠。从初一到初四，列宁连续四年拿到第一名的奖状，升到初五的时候，他获得了全班唯一的一份奖励——

　　鉴于四年级学生弗拉基米尔·乌里扬诺夫成绩优良，学习努力，品行可嘉，辛比尔斯克教务会议除授予奖状之外特授予此书。

　　——奖励给列宁的是沃多沃佐娃的著作《欧洲各国人民的生活》，书皮上有烫金的四个字——"品学兼优"。

第二节　图书馆的常客

　　列宁一家都在辛比尔斯克唯一的图书馆卡拉姆津图书馆办理了借阅证，当时每张借阅证押金15卢布。图书馆离着列宁的中学不远，列宁成了这里的常客。用我们现在的标准，卡拉姆津图书馆只能算是一个图书阅览室，因为只有一个大房间，既是阅览室也是存书室，环境不太好，没什么人打扫。房间正中间有一个大长桌，列宁经常在长桌的一角翻阅书刊，做摘录。但是毕竟卡拉姆津图书馆藏书有限，有时不得不找同学借书看。他有个同学叫阿波隆，用我们现在的话说是个"富三代"，阿波隆家境殷实，他的房间顶得上列宁全家的房间大小，有一间改成了图书室，沿墙都是高高的书柜，上下全是书。这些书都是阿波隆自己买来的。列宁每次到阿波隆家的图书室，就挪不动腿了，喊他吃饭，顾不上；招呼他喝水，听不着。他一会儿蹲下翻书，一会儿站在凳子上找书，从一个书架到另一个书架，对外界的声音完全听不到。

列宁喜欢屠格涅夫的作品，其中短篇小说《安德烈·科洛索夫》和《表》尤其让他着迷。小说《表》里17岁的主角维特和安德烈一样，诚实、勇敢、坚强，让刚上中学的列宁印象深刻。长大几岁后，列宁越来越喜欢读政论文章。每年暑假回到老家的时候，列宁就会利用这段完整的空闲时间读很多政论文章，并写下了密密麻麻的笔记。他读了俄国著名的革命民主主义者、文学批评家皮萨列夫的作品后，在笔记上摘录了这样一段话："如果一个人被完全剥夺了幻想的可能……如果他不能随时跑到前面去，运用他对整幅图画的想象，去观察这幅在手头刚刚形成的作品——那么，我根本无法想象，是什么动机促使他开始从事这种艺术、科学和实际生活方面内容广泛、耗费心血的创作活动的？又是什么动机促使他把这种创作活动进行到底的？"皮萨列夫文如其人，一生都在勇敢地用作品揭露沙皇统治的黑暗，即便身陷囹圄依然笔耕不辍，在条件恶劣的牢狱中他用轻松的笔触描述了自称为"御用文人"的生活，让列宁十分敬佩。

对于列宁而言，幼年不识赫尔岑，少年结识相见恨晚。他在上中学的时候第一次读到了俄国社会主义理论的先锋人物赫尔岑的作品，随后了解到一生热爱俄国人民的赫尔岑为了躲避暗害不得不一直侨居国外，列宁感到异常愤怒。

Что дѣлать?

Наболѣвшіе вопросы нашего движенія

Н. ЛЕНИНА.

> ... „Партійная борьба придаетъ партіи силу и жизненность, величайшимъ доказательствомъ слабости партіи является ея расплывчатость и притупленіе рѣзко обозначенныхъ границъ. партія укрѣпляется тѣмъ, что очищаетъ себя"... (Изъ письма Лассаля къ Марксу отъ 24 іюня 1852 г.).

Цѣна 1 руб.
Preis 2 Mark = 2.50 Francs.

STUTTGART
Verlag von J. H. W. Dietz Nachf. (G. m. b. H.)
1902

*

1902 年发表的《怎么办？（我们运动中的迫切问题）》

读书越来越多，思考也越来越多。"怎么办？"这个问题像一根隐性的线贯穿俄国进步思想家的全部作品之中。皮萨列夫在文学评论的结尾发问："怎么办？"车尔尼雪夫斯基用"怎么办？"作为小说的标题，屠格涅夫用小说里的人物角色向主角接连提问："怎么办？怎么办？"同一个问题，每一个有思想的俄国人对此各有不同的回答。然而，这里面的重合内容一定是抨击现存黑暗的制度本身。列宁在 14 岁时就读了车尔尼雪夫斯基的书。历史的时空呼应，回响掷地有声，1902 年问世的列宁代表作《怎么办？（我们运动中的迫切问题）》，用强大的逻辑和丰富的事实揭露了俄国经济派打着"批评自由"的旗号攻击马克思主义革命理论的本质，我们耳熟能详的那句"没有革命的理论，就不会有革命的运动"正是出自这部著作。

当然，一个十几岁的少年对于社会问题的认识还是模糊的，情绪上的分量更重，在家境相对好的环境下，列宁也只是从父亲的视角了解农村的落后、农民生活的困苦和社会的黑暗，至于造成落后、困苦和黑暗的原因，上中学的列宁并没有形成深刻的认知。总体上称得上无忧无虑的童年和少年时光，在列宁的 16 岁这年戛然而止。

第三节　一瞬成年

1886 年 1 月 24 日这天下午，列宁的父亲伊里亚和助手从上午开始一起赶稿调研报告，到两点钟的时候，伊里亚突然感到很疲惫，饭也没吃，他躺在书房的沙发上准备休息一会儿。等到列宁的母亲玛丽亚进房间发现的时候，伊里亚已经不能动弹了。父亲因脑出血猝然离世，让乌里扬诺夫家坠入无尽的痛苦之中。物质上他们也失去了家庭唯一的收入来源，玛丽亚四处奔走去申请抚恤金，遭尽了白眼、听惯了恶言，才在几个月后拿到了应得的抚恤金。

办完丈夫的丧礼，玛丽亚决定把家里的 4 间大房间租出去。列宁和弟弟搬到妈妈的卧室去住，保姆和安娜住到一个房间，在外住宿的亚历山大的物品搬到了储物间，钢琴和伊里亚的书柜都摆到了餐厅。原本宽敞的住宅变得拥挤，而这些与孩子们失去父亲的痛苦相比，都微不足道了。

这是列宁有生以来最痛苦的时候。昔日无忧无虑的少年一瞬间成年了。他决定要和哥哥亚历山大一道成为家人的支柱。虽然，这时他也只有 16 岁，中学还没有毕业。

在最痛苦的时候，列宁也在帮助别人。楚瓦什学校的一名教师奥霍特尼科夫通过朋友转达了请求列宁帮忙辅导古希腊文和拉丁文。奥霍特尼科夫是个很努力上进的年轻人，他想自学通过中学资格考试，然后申请考大学。为了这个目标，他已经自学完了全部的中学数学课程，但是涉及古典语文他怎么也自学不了，他是楚瓦什人（俄国的一个少数民族），说和学俄语都很困难，更何况学拉丁文和古希腊文。他请古典中学校长克伦斯基推荐一个高年级学生当他的辅导老师，校长自然推荐列宁。然后他找到认识列宁的朋友来拜托列宁。受托人一开始就和列宁说实话，奥霍特尼科夫工资很少，还要养家糊口，所以列宁要是辅导他，他也支付不起辅导费。显然，列宁现在和奥霍特尼科夫一样缺钱，但他不假思索地回复：好的，我来辅导。

就这样，中学七年级的列宁成了楚瓦什学校教师奥霍特尼科夫的辅导老师。列宁每周给他上三次课，除此之外，他还经常整理一些适合零基础学习古典语文的技巧，不断鼓励自己的学生对语言产生兴趣。辅导持续了一年多的时间，奥霍特尼科夫顺利学完了八年中学的全部古典语文课程。

被"老师"列宁辅导的还有他的姐姐安娜。父亲过世后，安娜深知妈妈的悲痛，所以寒假结束之后她继续在家里陪伴一直用坚强掩饰悲伤的妈妈。玛丽亚坚持让安娜返校继续学业，安娜也知道不能一直在家。此时的安娜还有一个畏难的因素，回到彼得堡的高等女子学院继续学业意味着必须把落下的拉丁文补上。而安娜和自己班上的同学都不喜欢学这门最枯燥的课程，本来她放寒假回家时想着利用假期补补拉丁文，父亲意外离世，学习计划彻底中断了。看着弟弟列宁每周给奥霍特尼科夫补拉丁文，说不羡慕是假的。但是安娜体谅弟弟还有一年就要毕业，课业压力也很重，加上自己比列宁大6岁，要去向弟弟请教功课，安娜还有一些不好意思。

列宁察觉到了安娜的难处，为了不伤害姐姐的自尊，主动说自己有时间也希望帮助安娜把教学大纲要求的课程全部学完。安娜有些怀疑，他们一共只有一两个月的时间，能在这么短的时间学完教学大纲需要两三年才能学完的全部内容吗？列宁鼓励安娜说，学校教学是按照固定的教学时间安排来的，自觉的成年人可以不按照这个大纲，自己制定学习计划。安娜的犹疑烟消云散。列宁针对安娜制定了不同于奥霍特尼科夫的辅导方案，他提醒安娜注意古代作家的写作特点，注意积累有文采的词句，并尽可能地在辅导的时候给安娜讲清楚拉丁语的语法形式，如动名词和动词将来时的被动形容词。列宁的辅导对安娜的帮助特别大，春天的时候安娜返回彼得堡继续学业，折磨她三年的拉丁文这次顺利考过。

第四节　他是被绞杀的犯人的弟弟

列宁一家在经历父亲过世的不幸后，生活逐渐恢复一些，母亲玛丽亚为了子女下定决心——自己必须尽快坚强起来。时间是治疗痛苦的良药。玛丽亚看到各个出色的孩子，心里很是安慰，她已经忍不住畅想孩子们未来几年的去向：亚历山大和安娜还有一年就能大学毕业了，亚历山大刚刚还在学校拿了科研金奖，以后将成为家庭的支柱，而安娜也会在毕业后成为一名教师；列宁和奥莉娅还有一年就要中学毕业了，他们俩的成绩一直很好，相信毕业和上大学都会很顺利；而最小的德米特里和玛丽亚在哥哥姐姐们的榜样引领下，也一定错不了。

美好的畅想被现实重重一击，1887 年 3 月 23 日，从彼得堡传来痛苦的消息——亚历山大和安娜因参加谋刺沙皇亚历山大三世而被捕了。

亚历山大被捕的消息先是一个亲戚通过写信告知了伊里亚生前的一位好友、教师喀什卡达莫娃，她担心玛丽亚承受不住这样突然的打击，先去学校把列宁从班里叫出来，把信件交到了列宁手里。列宁看完，沉默不语，良久才说："事件相当严重，对萨沙来说，结局可能更坏。"犹豫再三，列宁还是把这个可怕的消息告诉了妈妈。玛丽亚瞬间就呆住了，等醒过神来，她顾不上收拾什么行李，嘱咐列宁和奥莉娅照顾好弟弟和妹妹，匆匆踏上了前往彼得堡的列车。这时，亚历山大被捕的消息已经传遍了全城，大家像躲避瘟神一样躲避他们一家，以往交往的熟人和朋友大多都不再上门了，恨不得走路都要绕过列宁家房子。只有三家还保持着与列宁家的来往，其中便包括列宁辅导过功课的教师奥霍特尼科夫。

　　哥哥亚历山大对少年列宁的影响是独特的。他谨慎，话不多，遇事沉着，幼年的列宁像所有的小朋友一样都会忍不住以优秀的哥哥为榜样。列宁第一次接触到《资本论》就是哥哥亚历山大放假时带回家的。1884年，亚历山大放暑假，他把大半年上学结余的80卢布带回还给了父亲，让父亲很受触动。原来父亲每月会给他和安娜寄40卢布当生活费，他在上大学前就在信中多次提到自己和安娜用不了这么多生活费，但是当父母的宁可自己节衣缩食也怕在外打拼的孩子受委屈，父亲还是每月坚持寄40卢布。这样，每月收到父亲寄来的钱，亚历山大都会存10卢布，上了8个月的学，他把存的80卢布带回家还给父亲。还带回来一本厚厚的《资本论》。列

*

列宁的哥哥亚历山大

宁立马就对这本书感兴趣，跟哥哥借来看，亚历山大提醒他还小，不见得能读懂。父亲伊里亚也很感兴趣，但是因为太忙了一直没有时间去读。我们在前面提到过，大学阶段的亚历山大思想认识上的重要特征就是矛盾，各种不同的主张交织在他的脑海里。安娜回忆他被杀前后提出，亚历山大此时已经站在民意党人和马克思主义者之间的十字路口，他已经认真研读了马克思的《资本论》，领导过工人小组，马克思关于社会发展进程的理论分析让他发自内心地认同。但是，当时社会民主主义的活动还没有基础，当时俄国的工人群体也不多，而且活动分散，思想不很开明，那时候俄国也没有多少知识分子关注和接触工人群体的意识，加上沙皇专制制度不允许这种关注和接触，动不动就把他们认定的"危险分子"流放到西伯利亚。即便是大学生组织一些读书小组都一样随时处于危险之中。当时的有志青年纷纷加入反抗专制统治的活动，不惧失去自由甚至生命。亚历山大就是其中的一员。亚历山大所在的小组只有10个人，而且并没有经过民意党严密的体系化的培训，但他还是接受了民意党谋杀沙皇的任务，负责制造炸弹这一最危险的工作。3月12日，警察在街上逮捕了三个彼得堡大学的学生，从他们身上搜出来炸弹，据他们交代，自己是民意党的成员，而被缴的炸弹经鉴定，内部装有甘油炸药和铅弹，接着亚历山大和安娜及其他一些同学也相继被捕。

列宁一直在期盼哥哥和姐姐得到赦免，通信不便的条件下只有看报纸和等待。最终，在5月21日，列宁从

*

《我们将走另一条路》描述了当哥哥亚历山大被处决的噩耗传来后,列宁安
慰并鼓励母亲的情景,别洛乌索夫创作于 1951 年

《辛比尔斯克报》的号外上看到了哥哥被处死的消息。他坐在花园的长凳上放声大哭。列宁的妻子克鲁普斯卡娅在《回忆列宁》里写道："毫无疑问，哥哥的遭遇对弗拉基米尔·伊里奇有深刻的影响……伊里奇当时已经在独立思考许多事情，已经给自己解决了必须进行革命斗争的问题……哥哥的遭遇只是使他的思想工作更加紧张，把他锻炼得非常冷静，善于正视真理，一分钟也不为漂亮的词句和空想所迷惑，对待一切问题都极其认真。"如果说无忧无虑的童年和少年时代的列宁对社会的思考还处于感性阶段，家庭接连发生重大变故则让他一瞬成年，通过阅读、学习和阅历的积累，他已经开始形成自己的思考。尤其哥哥亚历山大的死，让列宁不得不以残酷的自我成长的方式去思考，到底什么是革命？如果哥哥谋刺的行动成功了，那会怎样？这个沙皇死了，再上位一个新沙皇，能变好吗？靠着一个人、十个人的行动来铲除某个沙皇，社会就能变好吗？列宁茅塞顿开——不，我们必须走出一条不同的路。

第五节　泣血的奖章

哥哥亚历山大被捕之后正值列宁中学毕业考试。他每天都焦急地在报纸上寻找有关哥哥姐姐的消息，一直没有收到任何音讯。中学毕业考试不会因为某个学生的境遇而延后，列宁中考的第一场是作文，考试时间是 5 月 17 日上午 9 点。考场设在礼堂，校长和考试委员会委员一起监考。监考老师发给每个学生两张盖着校章的答题纸，一张用作草稿纸，一张用来誊写，那天考试的题目是《普希金笔下的鲍里斯·戈东诺夫沙皇》。列宁机械地收到答题纸，机械地看着题目，脑子里一片茫然，只有关于哥哥的猜测。过了半个多小时了，列宁突然回过神来，才意识到正在考试。他逼迫自己集中精力写作，很快写完，检查过后誊抄到答题纸上，第一个交卷离开了考场。两天后考拉丁文，紧接着考数学。5月21日和22日没有考试安排。他也就在21日这天收到了哥哥被实行绞刑的消息。

考试还在继续，神学、俄语、拉丁文、希腊文、数学、历史、地理、物理与德文、法文接连考完。除了逻辑学得了4分外，列宁其余科目都得了满分5分。这也是有原因的。校长克伦斯基教逻辑学，有一位教务老师曾经好奇他为什么给列宁的逻辑学打了4分，克伦斯基解释道："逻辑学我谁也不给打5分，能得5分的只有我。"现在，校方遇到难题了。按照列宁年年第一的成绩和几乎满分的毕业考试成绩，被授予最高荣誉金质奖章是理所应当的。但是校长克伦斯基提前就收到了来自上级部门的警告，因为列宁是犯人亚历山大·乌里扬诺夫的弟弟。要不要授予列宁金质奖章，这个问题成了校长和教务会的老大难。最终，校长克伦斯基把这个难题交给教务会解决，教务会议上大家经过激烈的讨论，最终决定授予列宁金质奖章。在第二年妹妹奥莉娅毕业问题的教务会议上如出一辙，最终的结论也是——她配得上金质奖章。

1887年秋，妹妹奥莉娅从喀山坐车去辛比尔斯克替列宁领取他的中学毕业金质奖章。在辛比尔斯克中学校长办公室的档案里保存下来这样一张记录单：

> 奥莉娅·乌里扬诺娃 1887 年 9 月 13 日领到一枚
> 授予弗拉基米尔·伊里奇的金质奖章。

几经波折获得金质奖章并不意味着后续求学道路的一帆风顺。因亚历山大的关系，列宁被当局列为重点观察对象，被非正式地告知不允许他申请任何大学。列宁没有逆来顺受，他坚持向父亲的母校喀山大学提出了申请。但是，全国上下还有谁不知道亚历山大·乌里扬诺夫？喀山大学要求列宁提供中学鉴定书，相当于用踢皮球的方式暂时拒绝了列宁的入学申请。可能喀山大学默认列宁拿不出一份说得过去的鉴定书吧。一直赏识列宁的校长克伦斯基顶住压力给列宁在鉴定书上这样写道：

> 弗拉基米尔·乌里扬诺夫非常有天赋，一贯勤奋，品格端正。乌里扬诺夫在各年级都是出类拔萃的学生，作为在学习成绩、发展水平和操行方面最最合格的学生，他在毕业时获得金质奖章。不论在校内，还是在校外，都未发现他有过学校领导和老师给以不佳评价的言行。
> 乌里扬诺夫的学习和德育一直得到父母的关注，其父亲去世后，母亲对他更是厚爱有加，她的全部操劳都集中在对孩子的教育上，教育的基础是宗教极其合理的纪律。宗教教育的良好结果明显地反映在乌里扬诺夫的优秀品质上。仔细地了解乌里

扬诺夫的家庭生活方式和他的性格之后，我们不难
发现他过于孤僻，不喜欢与人交往。乌里扬诺夫的
母亲不打算把儿子单独送去上大学。

看到这里，我想我们即便一开始不熟悉列宁，也能
感觉到克伦斯基校长为了让这个天资聪颖的好苗子有上
大学的机会而煞费苦心。他专门写不符合列宁本人的
"孤僻""不与人交往"，为了让喀山大学校方放心，这
样的学生是不"危险"的；还特意强调列宁家庭教育和
学校教育都以宗教为基础，意在更加让校方放心；最后
还补充上列宁上大学还有他的母亲陪读，言外之意是他
和他的哥哥不一样，是个有妈妈在旁边监督的乖孩子，
这样的学生怎么可能会闹革命呢？

不知道鉴定书上哪句评语让喀山大学安下心来，在
收到了这份鉴定书后，他们终于在列宁的入学申请书上
回复了两个字——"收录"。

第四章

"这是一堵朽墙，一推就倒"

历经曲折列宁终于申请到了喀山大学的入学资格，甫一入学就被校方要求签署不参与任何活动的保证书。沙皇统治的反动性变本加厉，制定了一系列的强制措施试图把最富有朝气、最有前途的大学生群体彻底压制。俄国的大学生们在莫斯科、喀山等地掀起了"风潮"。列宁是喀山大学"风潮"的领导者和积极参与者，他们抗议学校和教育部门的不合理规定，但很快，参与集会的很多学生都被开除和流放了。不"安分"的大学生列宁被流放到老家科库什基诺村，他在那里埋头苦读，一边自学大学课程为复学做准备，一边阅读了很多著作和文章，写了厚厚的笔记。列宁的复学申请屡屡被拒。在获得准许可以搬回喀山后，回到喀山的列宁很快加入了当地的马克思主义小组。他开始系统地学习马克思和恩格斯的著作，领会革命理论，明确了革命前途。

第一节　喀山大学的革命洗礼

因校长克伦斯基的鉴定书已经写了列宁的母亲会跟着他去大学陪读，列宁一家在他入学前搬到了喀山，此时列宁已经满17岁。政府对他停发了父亲的抚恤金。列宁成了家里名副其实的顶梁柱，临去喀山前，他先以母亲的名义给弟弟德米特里办理转学手续，领取了弟弟的出生证明。1887年6月底，全家从辛比尔斯克搬到老家科库什基诺村，与被流放在这里的安娜短暂重聚，匆匆忙忙的两个月后，又一次搬家，这次他们搬到了喀山新委员会街道索罗维约娃住宅。

新生报到的第一天，入读法律系的列宁领到了第197号学生证，交了学费，办了报到手续。这些流程都和大多数同学一样，但他还得受校方的"优待"：在校方准备好的一份保证书上签字。保证书的内容是——"本人保证不加入如同乡会这一类的社会团体，不参加其活动；同时，在任何情况下，未经直接上司许可，也不加入法律所允许的各社会团体。"列宁不得不签字，这是他入学的限制条件。究其原因，他是被处死的"国事犯"亚历山大的弟弟，在学校眼里，这就是一个"危险分子"，不盯着不行。列宁签了字，并不代表他就真那么老实服从。早在签字前，喀山大学的同乡会组织就专门来找列宁谈过了，告诉他学校让你签保证书你就签上，但是签了也不要当回事，我们同乡会还等你来参加活动。还是基于同样的原因——他是被处死的"国事犯"亚历山大的弟弟，哥哥那么优秀，弟弟也差不到哪儿去。

可能有读者会纳闷，听上去就是个老乡会的组织，怎么让校方这么如临大敌？这就要说说列宁入学时候沙俄的社会和大学情况了。当时，民意党被镇压，后来发挥主要领导力量的社会民主党还没有出现，可以说领导社会变革力量处在青黄不接的阶段，而群众独立登上斗争舞台的大幕还没拉开，从社会变革的角度上看，当时艰难沉积的只有一股涌动的暗流——大学生群体。富有正义感和炽热情怀的青年学生一直在想办法发出声音，呼唤斗争。因此，反动当局就用最大的力气来压制大学生群体，只要有风吹草动，马上安排上"三件套"——逮捕、开除、流放。尤其是列宁哥哥参与的那次谋刺沙皇亚历山大三世的行动失败后，沙皇统治的反动性变本加厉，要把最富有朝气、最有前途的群体斗志彻底扼杀在萌芽阶段。沙皇政府规定大学生必须一天到晚穿制服，设立学监随时监管学生日常行为，安排特务实行严密的监视，解聘有自由倾向的教授，禁止大学成立社团组织，甚至像同乡会这样的感情联络团体都不准出现，还三不五时"杀鸡吓猴"——开除、流放许多被当局视为"危险分子"的学生。哪里有压迫，哪里就有反抗。沙皇政府的全力压制没有换来大学生们的服从和放弃，反而学期刚开始没两个月学生们就公开发出反抗，从11月开始，各个大学的学生都掀起来被称作"风潮"的浪潮，浪潮汹涌澎湃，从彼得堡呼啸到喀山。

喀山大学很快成立了20多个秘密政治小组，喀山兽医学院和神学院也是差不多的情况。学校旁边的杰林科夫面包店在浓郁面包香味的掩盖下，别有洞天。走进去最里面豁然一个秘密图书室，几乎收藏了所有的"禁书"，有马克思的《资本论》和恩格斯的《英国工人阶级状况》，有普列汉诺夫的小册子，还有俄国革命民主主义代表人物车尔尼雪夫斯基、赫尔岑、别林斯基等人的代表作。这个秘密图书室成了哥哥在大学秘密政治小组的精神家园，不出意外，列宁是来这里借书的常客。

秘密政治小组可不只是看看书写写读书笔记，开会、讨论行动方案才是直接的目的。当时的大学生通常用同乡会在食堂聚餐的形式讨论行动计划。12 月 12 日到 13 日这两天，列宁作为喀山大学萨马拉—辛比尔斯克同乡会代表参加了喀山所有大学的同乡会组织的秘密会议。会上，来自莫斯科的学生代表向同学们介绍了莫斯科学生掀起的"风潮"情况，紧接着，喀山大学的高年级学生萨拉汉诺夫报告了他了解到的紧急情况，学监部又要掀起一轮清理危险学生的行动，首先会拿着高年级学生当靶子，这次行动是学校视察员和学生中的告密者共谋造成的结果。列宁在两位代表发言后，提议起草告喀山大学全体大学生书。列宁用他独有的清晰的思路和平静的语调阐述了他的想法。列宁认为，大学制定的新章程给学生套上了重重的枷锁，有思想有知识的青年人要在学监的监视下生活，有理论有追求的教授要在看脸色和丢饭碗的担忧中生活，提高学费、凭空提高领取补助金的门槛，把寒门子弟拒之大学门外。沙皇痛恨大学生，莫斯科谋刺事件发生后，恫吓的皮鞭在大学生的头顶上噼啪作响。这是对俄国知识青年的侮辱，难道我们就不能向飞扬跋扈的反动派提出抗议吗？难道我们就不能站起来保卫我们的大学免遭践踏吗？我们相信喀山的同学们，我们呼吁他们起来，在校内进行公开的斗争。

大家被列宁的发言折服了，一致通过让列宁在他的发言稿的基础上写出《告喀山全体大学生书》，随后在各个学校分发，同时起草请愿书递交给喀山大学校长，决定在12月16日这天发起集体行动。

这天如期而至，学生们在喀山大学大礼堂集会，校长和视察员在压力下不得不现身，学生们提出了有关学校的一些要求，如反对1884年大学生章程，反对国民教育部长在1887年签署的禁止"车夫、仆役、厨师、洗衣工、小商贩以及此类人等"的子女上中学的通告；还提出了一些政治诉求，如支持在莫斯科开展的学生运动。显然，校长和视察员不会认真对待学生提出的这些诉求。到了集会的尾声，列宁掏出了学生证，放在校长面前的讲桌上。他的发言掷地有声："既然无论是校长还是各位教授，都对实现我们的要求不抱任何希望，那么，我们别无出路，只好把我们的学生证退还给当局。"紧接着，不少同学也跟列宁一样把自己的学生证递给校长，校长不伸手去接，学生见状直接把证件扔到讲台上。这些优秀的学生都是抱着求学的目的来到心仪的大学，却能为了心中的理想而放弃。

这事儿显然不会就这么收尾。喀山大学的学监向上级部门呈交了参加集会的153名学生的名单，特意标注的列宁等几十名学生被开除。同一天夜里，月黑风高，警察闯进列宁的宿舍将他逮捕。同一时间和列宁一起被逮捕的还有另外 39 名同学，他们一起在监狱里关了几天后，收到了流放的通牒。在押送列宁的警察看来，这还是稚气未脱的小孩，在流放的雪橇上，他和列宁留下了这段经典的对话：

　　　　"小伙子，你为什么要造反？要知道你的前面是一堵墙。"

　　　　"这不过是一堵朽墙，只要一推就会倒的。"

第二节　复学屡屡被拒

　　妹妹奥莉娅知道列宁被捕的消息后马上告诉了在科库什基诺的妈妈，仅在半年前，她还在营救被捕的大儿子和大女儿，现在，她要去营救二儿子。几经奔走，玛丽亚见到了省长，她请求省长不要把列宁流放到举目无亲的原籍辛比尔斯克，希望准许把列宁流放到科库什基诺村，她会对儿子加以监督。省长同意了玛丽亚的请求。就这样，列宁被流放到了科库什基诺村，姐姐安娜此前也被流放在这里。

　　如果就此心灰意懒，那我们就不会知道列宁的名字了。他十分平静，也没有沮丧，被流放到科库什基诺村，住在一间简陋的厢房，他一刻不停地自学法律系一年级和二年级的全部课程，列宁还想以后争取重新回到喀山大学继续学业。此外，他比以前更下力气读书了，其中格外喜欢品读车尔尼雪夫斯基的著作。后来列宁回忆这段经历时对每天读书的生活记忆犹新：

我觉得，在我后来的生活中，甚至在彼得堡监狱和西伯利亚监狱里，都没有像从喀山被流放到科库什基诺村这一年当中读了那么多东西。我发狠地读书，从清早一直到夜晚，我读完了大学课程，盘算着能很快允许我回大学。我还读了各种文艺小说，酷爱涅克拉索夫的诗歌。我还和姐姐比赛，看谁读得快，背得多。但是，我读得最多的还是当时刊登在《现代人》《祖国纪事》《欧洲快报》等杂志上的文章。那是一些大家最关心的、最好的文章，论述近十年内社会政治问题的文章。我最喜爱的作者是车尔尼雪夫斯基。《现代人》杂志上刊载的全部文章我都从头读到尾，当然不是一次完成的。由于读了车尔尼雪夫斯基的文章，我开始接触哲学上的唯物主义问题……我在读车尔尼雪夫斯基著作时，手中总是握着铅笔，从读过的东西中做了大量摘录和提要。所有练习本都记得满满的，一直把它们保存了很久。车尔尼雪夫斯基渊博的知识、鲜明的革命观点以及无情的论战才能——使我敬佩之至。

作为忠实粉丝的列宁，在得知车尔尼雪夫斯基的住址之后，还给对方寄过信，遗憾的是一直没有收到回复。影响了一代俄国青年的车尔尼雪夫斯基，估计每天收到太多粉丝来信了。

对列宁等被开除学生的监视并没有消停。在列宁被流放到科库什基诺村之后，喀山省宪兵队长从喀山大学学监那里拿到了列宁等人的笔迹样本，也就意味着他们的交往活动和通信都成了被重点监视的内容。被公开监视还不够，宪兵队长还要求喀山省长下令增派人手对列宁增加一份秘密监视，因为宪兵队长判定列宁很有可能继续参加在喀山的一些青年学生组织的团体活动。喀山省长这时候可一点都不"官僚"了，二话不说给县警察局长下令，对列宁和去探望列宁的所有人立即实行最严的秘密监视，重点关注他和其他人的通信，要求查到任何风吹草动都报告喀山宪兵队长和省长本人。

科库什基诺村是个地处偏远的农村，一来到这儿就意味着列宁和以前并肩作战的同学都没法像以往那样联系了。一天，他兴致勃勃地给正在哈尔科夫大学念书的中学同学写了一封长信，向他详细介绍了喀山12月的"风潮"，并询问哈尔科夫那边有没有动静。姐姐安娜得知列宁写了这样一封信后，警告他，警察会毫不费力气地拆开你的信，这一条就足够让你在这继续流放好多年，或者流放到更远的地方去。不得不说，作为比列宁更早走上革命道路的姐姐，安娜在反监视方面可比列宁有经验得多。列宁一时之间有点热血上头——我不害怕继续被流放或者更严厉的处罚。安娜劝道，那你不为你的同学考虑吗？他即便什么都还没做，就因为你发出这封信就有危险，而你没有权利让同学置于险境。列宁这才意识到姐姐的提醒是非常必要的，他果断把信烧了。

被流放了半年后，列宁向喀山大学提出了复学的申请，申请书递到了国民教育大臣的办公室。母亲玛丽亚也向警察司长提交了让儿子复学的申请。警察司长的回复是——难办。国民教育司要求喀山学区督学给列宁及其家庭做一份详尽的鉴定。喀山学区的督学"不负所托"，写了一份很长的鉴定，其中结尾这样写道："尽管他有杰出的才能和丰富的知识，但无论从道德方面或是从政治方面来说，暂时都不能认为他是一个可靠的人。"都写到这个份儿上了，还能指望国民教育司同意列宁的复学申请吗？不仅如此，皇室部办公厅还把列宁列入了考公务员的黑名单。

妈妈为了列宁复学操碎了心。得知国民教育大学捷利亚诺夫将于 1888 年 9 月来喀山视察工作，她赶紧递上了复学申请，这次的申请内容与以往不同，提出希望列宁可以进入莫斯科、基辅、哈尔科夫、德尔普特的任何一所大学，只要有学上就行。申请还是被驳回了。紧接着，列宁向内务大臣递交申请书申请出国留学。内务大臣转手就把申请书交给警察司长处理，毫无悬念，申请再次被驳回。

第三节　在喀山的马克思主义小组

1888 年秋，姐姐安娜的朋友带来一个让列宁全家振奋的好消息，政府发了公告，参加过以前学生"风潮"的，如果家里有亲戚在城里，可以申请获批去有大学的城市居住。列宁终于获准可以搬到喀山去了，但并不是可以回喀山大学。妈妈和弟弟妹妹一起随他搬到喀山。不久后，被警察严密监视的安娜也申请搬到喀山，也被批准了。他们这次租的房子离列宁刚上大学时候租的房子很近。住宿条件不错，是个二层小楼，带着一个小花园，风景很美。列宁选了楼下的原来用作厨房的房间，因为这个房间是整个房子里最安静的一个地方，适合列宁继续埋头苦读。后来这栋住宅在 1937 年被改建成列宁故居纪念馆。

相较于科库什基诺村，喀山市内的革命活动活跃得多，这里秘密成立了很多革命小组。有志青年们结成小组一起学习政治。但是喀山一直都是俄国民粹派的大本营，在喀山当时的众多秘密小组里，马克思主义小组少之又少。

要了解列宁，要了解俄国革命，不得不涉及民粹派这个在俄国历史上长期占据重要位置的思想流派，甚至现在依然能看到民粹派影响的痕迹。民粹派是 19 世纪六七十年代产生于俄国的一个小资产阶级派别。正如这个名称所表明的那样，他们为了民族的复兴，对俄国农民和人民的权力有着最强烈的感情。早期民粹派的主要代表有拉甫洛夫等。他们代表小生产者的利益，以农民的精粹自居，提出"到民间去"的口号，企图借助农民推翻沙皇专制制度，因而被称为"民粹派"。民粹派思想概括起来说就是"只见农民群体不见具体的每一个农民"，根本上是赞颂俄国的"独一无二"。他们否认资本主义在俄国发展的必然性，认为俄国的农民、俄国长期存在的农村公社太好了、太伟大了，靠着这么伟大的农民和农村公社就可以直接过渡到社会主义，那么靠谁来领导这么伟大的过渡呢？那就得靠"农民的精粹"本"粹"了，即民粹派来实现，本质上还是唯心主义所宣扬的英雄史观。

在他们的作品和主张里，他们极力地热情讴歌农民，称颂俄国的农村公社，真是说得比唱得好听，好听到让不了解的甚至以为俄国农民简直就是天降神迹，而他们所标榜的以农民和农村公社为基础的俄国在世界上是独一份，前无古人后无来者。但是民粹派眼里的农民是这些知识分子自己抽象出来的概念，硬生生加了很多层滤镜，并不能真正反映农民的面貌和正视农民和农村需要解决的问题。列宁的一生与民粹派做了多番斗争，也从一个侧面反映出来要在俄国破除民粹派的影响有多难。实际上，早在列宁之前，马克思和恩格斯也都和俄国的民粹派有过论战，因为只要涉及俄国，民粹派就是一个绕不过的话题和忽略不了的群体。

我们再说回到列宁，经朋友介绍，列宁加入了喀山为数不多的一个马克思主义小组，组织者是费多谢耶夫——喀山的一个中学生。费多谢耶夫因组织革命行动被中学开除，他先后组织过好几个秘密小组，非常严肃认真地学习马克思主义理论，马克思的著作他几乎都能脱口而出，还能很详细地给组员解释其中的原理。

与费多谢耶夫一样的成员还有不少，大家因为共同的志趣相识，对马克思主义的书籍求之若渴，这个小组里有好几个同志一字一句地抄写了《资本论》第一章全文。列宁很珍惜进入马克思主义小组一起学习的机会。在哥哥亚历山大被杀之后，列宁开始独立地思考要走一条不同的革命之路，但是这样一条革命道路到底是什么，该怎么走，列宁还有很多的困惑，需要马克思来解答。他积极参加马克思主义小组的活动，以前能够接触到马克思的著作不多，学起来也是零零散散的。列宁的经历证明，再怎么聪慧的人，要掌握一门知识都需要系统地学习、沉下心来学习。

加入马克思主义小组后，列宁有机会接触到更多马克思的著作，还能把书籍带回家看。在安静的小房间里，列宁置身于《资本论》的广袤宇宙中流连忘返。他如饥似渴地阅读马克思、恩格斯的著作，记了一本又一本的笔记，还把德文版的著作翻译成俄文，抄写在单独的本子上。按图索骥，列宁还沿着马克思和恩格斯当年的研究足迹，认认真真学习了生物学家达尔文、经济学家大卫·李嘉图和历史学家亨利·布克尔等人的著作。马克思、恩格斯给列宁打开了一扇门，推开这扇门，盘桓在列宁头脑中"找到另一条路"的朦胧面貌终于清晰——无产阶级革命之路！

关于俄国该走什么样的道路，不同群体的仁人志士做了不同的探索，有不同的答案。俄国民粹派说"到民间去"依靠农民；民意党说"杀身成仁"靠密谋行动——都失败了，并且都没有解决俄国社会的问题。与马克思恩格斯的著作对话，马克思教会列宁的是首先找到革命的依靠力量。此时的列宁已经明确，最革命的阶级是工人阶级，工人阶级一无所有，从事机器大生产一线工作，代表最先进的生产力，因而具有最坚决的革命性。工人阶级将同旧的社会制度做斗争，并且一定会取得胜利。资本主义飞速发展，促进生产力的同时，也造就了庞大的产业大军，这是资本主义的掘墓人。新的社会必将到来，旧的社会必将被消灭。

列宁不仅埋头读书，还能够精准地理解马克思和恩格斯的理论主张，并且能用简洁明了的语言向小组成员解读马克思主义。很快，列宁在喀山吸引了很多怀有革命志向的青年人，他们互相交流学习心得，讨论问题，研读著作。同志们考虑到列宁一家一直处在警察的监视下，所以几乎避免在列宁家露面。大家通常都约定一个秘密的小组活动地点会面。青年人聚在一起，每次现场都是热火朝天地讨论，结束时大家都意犹未尽。为了不被警察发现，列宁每次前往集会地点都要小心翼翼，积累了丰富的反监视经验。

参加集会多了，列宁和别人一样学会了吸烟，母亲担心他的身体健康劝他戒烟，毕竟他小时候身体并不是十分强壮。列宁面对母亲列举的种种吸烟有害健康的理由都并没有真正走心。母亲玛丽亚见劝说效果为零，使出了"撒手锏"——提醒列宁抽烟也是需要花钱的，即便是几毛钱也是钱，在他没有挣钱之前，这种不必要的花费是不应该的。列宁听后立即戒烟了。

列宁经常晚上出门参加集会，虽然每次都谨慎再谨慎，但还是被监视的警察找到了蛛丝马迹。在一份喀山省宪兵司令给警察总署出具的秘密监视情况报告中，列宁被点名了，宪兵队判断"他同可疑分子有来往"。

1888年夏天，喀山渐渐有个传言——瑞士的苏黎世发生了一起炸弹爆炸事件，这枚炸弹是俄国侨民中的恐怖分子为了谋杀沙皇亚历山大三世而准备的。传言一起，警察局和宪兵队高度紧张，加大了全城搜捕的力度，秘密监视范围也扩大了。一天，警察截获了一位流放学生给费多谢耶夫的未婚妻的一封信，费多谢耶夫组建的马克思主义小组就这样被暴露了。警察循着线索搜到了一个小组成员的家，搜查时发现了他的笔记本上写着一句"到图书馆找乌里扬诺夫"。列宁本就是警察监视的重点对象，有了这个线索，警察更有理由认定列宁和喀山的秘密政治小组有关联。虽然他们目前还没找到有力的证据来抓捕列宁。但是街上风声瞬间紧张起来，陆陆续续有人被捕。母亲玛丽亚对此很紧张，坚持搬家离开随时有危险的喀山。通过安娜的未婚夫马尔克的帮助，玛丽亚用当时卖掉辛比尔斯克房子的钱买下了在萨马拉省阿拉卡耶夫卡村附近的一个小庄园。列宁与家人再次离开了喀山。

第五章

"革命的路是马克思指引的"

在喀山宪兵队和警察局找到抓捕理由之前，列宁随家人从喀山搬到了农业省萨马拉。列宁在萨马拉继续自学大学课程，最终以校外生的资格参加大学毕业考试，获得甲等证书，在萨马拉找到了助理律师的工作。在萨马拉的四年半时间里，列宁潜心研究马克思主义理论，考察了农民村社，研究了俄国社会，批判了俄国民粹派，写下了著名的《什么是"人民之友"以及他们如何攻击社会民主党人？》等著作，成长为一名青年马克思主义者。但长期在农村，与革命同人失去联络毕竟不是长久之计，列宁在 1893 年夏天抵达革命中心彼得堡，一边从事法律工作，一边从事革命活动。

第一节　不在校的大学毕业

因为瑞士炸弹事件的传言，喀山风声紧张起来，列宁参加的马克思主义小组也暴露了。为了避免留在喀山当宪兵队和警察局的"靶子"，列宁母亲玛丽亚紧急向喀山警察总署申请携全家（包括正在流放、接受监视的大女儿安娜）搬到农业省萨马拉。这个申请正中警察局长的下怀。警察一直觉得乌里扬诺夫一家住在有大学的大城市里就是个"定时炸弹"，随时都有可能和搞革命的大学生联系起来，看到他们的搬家申请立刻爽快地答应了——而且，在萨马拉农村，危险分子少之又少，可以腾出足够的力量精准监视这一家。

1889 年 5 月 16 日，列宁一家刚搬到新买的房子里。两个月后，费多谢耶夫和在喀山的马克思主义小组成员悉数被捕。列宁侥幸逃过。但是，在阿拉卡耶夫卡村里居住的列宁，依然处在警察的严密监视之中。据记录，列宁和母亲玛丽亚是在秘密监视名单上，姐姐安娜在公开监视名单上。被监视了几个月，报告显示未发现乌里扬诺夫一家的危险行为。

被学校开除又被流放一年，这样的经历注定列宁找不到工作。搬到农村，母亲一开始还希望列宁能对干农活感兴趣，结果发现列宁没有种地的才能，干农活养家糊口是行不通的。也不能一直啃老啊，列宁连续 10 次在《萨马拉报》登求职广告，写道："本人大学肄业，征求教职，并可前往授课。"我们知道，中学时候的列宁就已经是个合格的辅导老师了，如果有人了解就好了。但是，求职广告登了一次又一次，都是石沉大海。

列宁继续申请重新读大学，他先是申请出国留学，当时喀山省长给了这样一段批示："乌里扬诺夫系被警察公开监视的安娜的亲弟弟，此人在喀山居住期间，虽并未参与政治性活动，但据其表现，仍为一个具有有害政治倾向的人。"在国内任何一所大学复学的申请也一再被拒绝。复学或者留学是无望了，列宁继续向教育部门申请以校外生的身份参加大学毕业考试。申请书这样写道：

> 中学毕业两年以来，我完全有理由深信，一个没有受过专门教育的人要找到职业，即使不是不可能的，也是非常难。我家中有母亲和年幼的弟弟妹妹。由于我急需有一份职业才能用自己的劳动养家糊口，阁下肯定会允许我在某一所大学以校外生身份参加大学毕业考试。

11月底，列宁的申请被驳回，理由是"乌里扬诺夫在喀山居住期间与政治上不可靠分子来往，其中有些现已因国事犯罪名受审"。翌年5月，母亲玛丽亚到彼得堡，给教育大臣呈上了一份言辞恳切的申请书。玛丽亚写道：

> 看到我儿子白白错过本应接受大学教育的最好年纪，我十分痛心。由于无法忍受这种精神痛苦，我只得劳烦阁下，请您允许我儿子进入一个俄国大

学，或至少允许他参加法律专业的毕业考试。同时我也更坚决地恳请阁下取消对他如此长期的处罚，这种处罚使他这个完全靠脑力劳动的人甚至连私人的工作都找不到。也就是说，使他的能力无用武之地，这种没有目标、无所事事的生活，不能不对这个青年人产生致命的精神影响。

出人意料，玛丽亚的这封请求书获得了国民教育司的答复，列宁终于可以以校外生的身份参加彼得堡大学法律专业毕业考试。

要和以前一起入学的同学一起毕业，列宁只有一年半的时间要学完大学四年全部的课程。列宁精神振奋，制订了一个详细的复习计划，开始了紧张的备考生活。在夏天的林荫小道旁，列宁给自己布置了一个"自然书房"——草坪上摆上一张桌子和一把凳子。早饭过后，列宁抱着一大堆书准时到"书房"开始复习，吃过午饭后，继续学习到傍晚。他还在树林里搭了一个简易的单杠，学习累了就去锻炼一会儿。除了复习专业课程，列宁还大量阅读马克思主义的著作，如马克思的《哲学的贫困》（德文版）和恩格斯的《英国工人阶级状况》（德文版）。遇到疑难的地方，列宁会不自觉地来回踱步，久而久之，林荫道边上被他走出了一条清晰的小路。学到傍晚，吃晚饭前，列宁会散散步，然后游会儿泳。晚饭后，母亲会把灯挪到走廊下，大家聚在灯下一起读书。

1891年春天，列宁到彼得堡，准备参加大学毕业考试。他经常去探望在彼得堡读大学的妹妹奥莉娅，奥莉娅也尽己所能为哥哥打听考试要做哪些准备。法律专业毕业考试分两个部分，春季是笔试，秋季是口试。笔试的科目有俄国法历史和国家法、法学通论和法哲学史、罗马法历史、政治经济学和统计学等；口试的科目有刑法和刑事诉讼、罗马法、民法和民事诉讼、商法和商事诉讼、警察法和财产法、教会法和国际法等。

　　春季，列宁的各科笔试都拿了最好成绩——"优秀"。全家都还没来得及为列宁的考试成绩高兴，却突然迎来了妹妹奥莉娅生病的噩耗。列宁把妹妹送到医院陪护她治疗，但奥莉娅病情突然恶化，在妈妈和列宁的陪伴下病逝了。为了陪伴伤痛的妈妈，列宁回了萨马拉。坚强的玛丽亚没有倒下，鼓励列宁继续前进。列宁最终在 11 月份顺利通过了口试，和春季的笔试成绩一样，也拿到了"优秀"。对于一个大一入学不久就被开除、纯靠自学，没有上任何辅导班的学生而言，列宁能顺利通过毕业考试，着实让所有人震惊。11 月 15 日，彼得堡大学法律系考试委员会给列宁颁发了甲等毕业证书。

第二节　初入职场

　　获得毕业文凭之后，列宁终于可以找工作了。1892 年 2 月中旬，列宁向省里缴纳了 78 卢布的注册费，领取了律师从业执照，具有承办民事诉讼案的资格。《萨马拉省新闻》还特意发了公告——现在有更多的人知道列宁可以替他们打官司了。仅一年左右的时间，列宁就出庭为人辩护 15 次。他的委托人大多是为生活所压迫的穷人，有的偷了地主的衣服，有的发牢骚抱怨沙皇。列宁为穷人做辩护的名声越传越广。

最有意思的是列宁和一个叫阿列费耶夫的大老板打的一场官司。1892 年夏天，列宁和姐夫马尔克一起到了塞兹兰，他们准备乘船到伏尔加河东岸的别斯图热夫卡村住几天，马尔克的哥哥在那个村子务农，两人想借机去实地调研农村问题。当时塞兹兰的一个大老板阿列费耶夫打点好政府官员，把整个伏尔加河的渡口都包下来了，禁止其他船夫摆渡，这样他可以任意抬高过河费用，过往的乘客、马匹和车辆只能用他的小轮船拖着驳船运输。每当看到有船夫用自己的小船载客，他的小轮船就快速追上把乘客都拖回来，他雇的打手殴打船夫甚至殴打乘客简直是家常便饭。

这次正好赶上列宁和马尔克要乘船，渡口有船夫，船夫有自己的小船，但是没有船夫敢主动去揽客。列宁不想等阿列费耶夫的驳船，成功说服一个船夫拉他们出发。结果刚走一段，就看见阿列费耶夫坐着他的轮船气势汹汹地追来，要和以前一样把小船拖回去。列宁跟船夫说："不用理他，继续往前划。他拖拽你的船回去是违法的，不要害怕。"列宁也警告阿列费耶夫这样做的后果，但是财大气粗的大老板怎么会在意列宁的警告，还说列宁和马尔克是在胡闹。他雇的几个船员熟练地抛出钩子把船钩住，拉回小船，把列宁他们弄上了轮船。

列宁提醒这几个船员他们没有权力这么做，法院会判他们横行霸道罪，是要坐牢的。但是大老板雇的船长并不在意，还是坚持按照他们的老办法。过了几天，列宁回到萨马拉，就去法院起诉阿列费耶夫横行霸道罪。案件很清楚，按照当时的法律，阿列费耶夫应该被判刑，并且不能用罚款代替。为了保护大老板，萨马拉的地方法院把这个案件转给伏尔加河下游塞兹兰的一个地方法庭来办理，塞兹兰的法官面对这么清楚的案件却选择拖延开庭办理，他们觉得用这种拖延的方法会让列宁最终放弃起诉。法庭距离列宁有100俄里，法官觉得为了一个这么小的案子一趟趟跑100俄里，列宁自己也会觉得不值当。令他意外的是，列宁从夏天到冬天，跑了三趟，硬是让地方法庭没有理由继续拖延开庭。最终，阿列费耶夫被判监禁一个月。横行霸道的大老板竟然真的因为横行霸道罪被判刑了，大家奔走相告，尤其高兴的是渡口的船夫们，总算有人替他们出了一口恶气。

作为一名律师，列宁尽可能为劳动者辩护，捍卫他们的权力和利益，为他们争取平等和公正。但是，无论是从理论上还是实际生活中看，法律始终是为统治阶级服务的。担任律师的职业经历让列宁更加清楚地意识到，仅靠为贫苦人民打几场官司，是改变不了黑暗的社会现实的，对革命理论的研究和革命活动的开展都不能中断，他的革命志向没有丝毫改变。

列宁与萨马拉的革命小组很早就联系上了。萨马拉和喀山的情况很不一样，在这里，从事革命活动的年轻人不多，反而是年龄大的居多，他们过去被流放到西伯利亚，后来回到萨马拉继续受监视。这些人都是民粹派或者民意党人，对他们而言，社会民主主义派别这个刚兴起的力量是没有可能发展壮大的，因为在俄国没有社会基础。他们之所以有这种落后于时代的判断，是因为在偏僻的流放地长久的生活经历，已经触摸不到时代跳动的脉搏。从俄国的中心城市开始，事情正在悄悄地发生变化。但是，这些回归的流放者有丰富的斗争经验，跟他们打交道，列宁学到了很多书本上学不到的实用知识。

第三节　读万卷书，行万里路

1889 年 9 月，19 岁的列宁在萨马拉结识了一些革命小组的成员，如斯科利亚联科、谢苗诺夫、库兹涅佐夫、萨维茨基等。列宁参加斯科利亚联科组织的革命小组的活动，很快就赢得了一众小组成员的信任和赞赏，大家都被他的才华和斗志吸引。他们决定进行一些实地调研的活动。沿着伏尔加河和乌萨河，他们重点考察农村公社的分化、农业中资本主义因素的发展以及越来越多的农民破产现象。被开除的大学生布赫霍尔茨做了《幸福的伦理学基础》的报告，列宁和小组成员热烈讨论了这个报告的内容。

列宁不忘在萨马拉联络一些有影响力的民意党人，希望通过与他们的交流和交往来影响他们，改变他们的观点。民意党人舒赫特就是在这里结识了列宁，并且受列宁的影响后来成为一名布尔什维克；拉拉扬茨也是在萨马拉认识列宁的，后来他成为萨马拉的马克思主义小组的活跃成员。列宁还多次参加民粹派几个小组的活动，尽管与他们的理念和主张不合。他同一些老民意党人有过激烈的辩论，也有很多投入的详谈。20岁左右的他已经逐渐成长为一个老练的革命者，他善于从民意党人那里吸收革命经验，总结他们关于革命斗争方法、秘密活动怎么开展、监狱中的情况以及在狱中如何与外界取得联系等的结论。

在萨马拉的四年半，列宁在这里赢得了越来越多的支持和认可，在立场和理念不合的民意党和民粹派团体中，大家也都认可他是一个很有才能的年轻人，但认为列宁的很多主见过于自负和激烈。而在马克思主义小组里，列宁是核心人物，获得无限尊重。

列宁在这段时间更深入地研究了马克思和恩格斯的著作。他细致地重新学习了一遍《资本论》德文版的第一卷和第二卷，对1872年出版的《资本论》俄文版第一卷和1885年出版的《资本论》俄文版第二卷都做了校对，对一些章节做了札记、批注，画出全书的重点。列宁把《共产党宣言》翻译成俄文，把《哲学的贫困》《反杜林论》《德意志意识形态》《英国工人阶级状况》等著作读了一遍又一遍，还研究了《家庭、私有制和国家的起源》，将一些段落从德文翻译成俄文，《论住宅问题》和《神圣家族》也放在了列宁的案头。

列宁还研究了许多民粹派和其他有影响力的知识分子的著作或资料，写了不少专题报告，光专题报告就写满了好几本厚厚的笔记本。列宁的读书成果也在革命小组里被积极分享出去。他参加斯科利亚联科小组，做了很多专题报告，讲述了厄什里《英国经济史》的主要内容，为小组成员宣读了《共产党宣言》。

随着认同和接受马克思主义的同志越来越多，组建马克思主义小组的时机成熟了。列宁在 1892 年组织了萨马拉马克思主义小组，他和小组成员积极宣传马克思主义，在伏尔加河流域的青年群体中产生了很大的影响。他批判民粹派沃龙佐夫、米哈伊洛夫斯基和尤沙科夫等人的论文在小组宣读过后，吸收小组成员的意见进行了几轮修改，写满了三个笔记本，最终产生了一个《什么是"人民之友"以及他们如何攻击社会民主党人？》专题报告，这里面已经体现出列宁主义的基本观点和重要原理。在马克思主义小组里，列宁还带着小组的同志们一起学习了马克思的《哲学的贫困》。

在萨马拉这个农业省，列宁读万卷书，行万里路，夯实了马克思主义理论基础，也更深刻地调研了解了农村和农民的生活现状。这些积累在以后他制定布尔什维克党的纲领和革命后执政党的建设方面，都发挥了重要的作用。一个革命家的成长离不开理论知识的滋养，更离不开社会实践的深度体验。脱离人民群众的生活实际，是不能真正领导人民群众的。1892 年，列宁根据自己与农民谈话交流以及观察农村所获得的一手资料，结合斯科利亚联科的农村考察报告，与小组成员一起编订了萨马拉县特罗斯强斯卡亚乡涅亚洛夫基村的农户调查，他自己还编写了三个村子的农户调查表。这些经历，让列宁在以后更懂得无产阶级革命怎样引领农民并赢得农民的参与支持。

第六章

"冉冉升起了一颗新星"

列宁只身奔赴革命中心彼得堡，他一边从事律师工作一边开展革命事业。在彼得堡的马克思主义小组，列宁关于市场问题的发言让他在彼得堡革命青年群体中声名鹊起。他与民粹派、"合法的马克思主义"者和经济派的论辩吸引了更多的年轻人关注和接受马克思主义。与他论辩落败的民粹派领袖人物沃龙佐夫评价他是——"在俄国的马克思主义者中间冉冉升起了一颗新星"。列宁深入工厂，与工人群众面对面地交流。列宁也在彼得堡邂逅了自己的革命爱情。患肺炎的列宁以出国疗养的理由拿到了护照，结识了欧洲多国的工人运动领导人。在瑞士，他与"劳动解放社"建立了联系；在法国，他结识了巴黎的革命者，认识了拉法格；在德国，他结交了柏林的社会民主党党员，结识了李卜克内西。躲过层层检查回国后，列宁着手创建彼得堡市统一的工人组织，为以后创建俄国的马克思主义政党打下了基础。

第一节　在革命中心彼得堡

萨马拉能够给予列宁的发展空间已经到了天花板，尤其是在这里能进行的理论研究工作已经都完成了。在 1893 年的夏天，列宁陷入了苦闷。在拿到大学毕业证书的时候列宁就想去大城市开展革命活动，但当时妹妹奥莉娅病逝，他决定留在萨马拉陪伴妈妈度过这一段痛苦的时间，因此在萨马拉又待了一年多。理想在远方，身体被禁锢在原地，列宁的苦闷可想而知。那天他和姐姐聊起了契诃夫的小说《六号病房》，列宁坦言觉得自己好像也被禁锢在六号病房一样。姐姐感受到了列宁的去意。

这时，弟弟德米特里要去莫斯科上大学，一家人准备搬到莫斯科去，但列宁不想去。可能现在提到莫斯科，读者朋友们会理所当然地想到俄国最中心的城市，但在当时彼得堡市民的眼中，莫斯科就是个大农村。列宁觉得自己在大农村待得太久了，先是辛比尔斯克，后来是喀山和萨马拉，距离中心城市彼得堡太远了。列宁早就想去彼得堡了，那里有俄国最先进的工业，也是俄国的革命中心。而且他没有对妈妈说出口的是，他怕继续和家人生活在一起，会因自己的革命活动连累家人。

列宁与家人一起乘船离开了萨马拉，他们在中途的下新城分别，家人在这儿换乘火车前往莫斯科。送别家人后，列宁先是在下新城停留了几天，与马克思主义者斯科沃尔佐夫、格里戈里耶夫和米茨凯维奇联系上，并通过他们得到了去彼得堡与秘密革命小组接头的地址。然后列宁赶到莫斯科，本来想与在莫斯科的费多谢耶夫见面，他们曾经是在喀山的革命同志，几年来一直通信联系，但是费多谢耶夫仍在狱中，见面的计划落空了。列宁与莫斯科的马克思主义者很快取得联系，一个月后，莫斯科成立了马克思主义小组。看看家人安顿情况后，列宁马不停蹄到了心中的革命圣地——彼得堡。

彼得堡不愧是让人仰慕的大城市啊，这里集聚将近200万的产业工人，是俄罗斯帝国工业最发达的中心城市。列宁在彼得堡的谢尔吉耶夫斯卡亚街的58号暂时安顿下来，后来又搬到驿站街4号11室。在离开萨马拉之前，列宁向当地的法院院长申请——提供他在萨马拉两年助理律师工作经历的证明，以便继续从事法律工作。到达彼得堡时，列宁的法律等级为沃尔肯施坦的律师助理，10月底，他拿到了彼得堡律师会议发的执照。他经常在自己的住处接待来向他寻求帮助的委托人，列宁的房间一目了然，一张铁架子床，一张写字台，三四把椅子和一个五斗橱，就是列宁全部的生活陈设。

当然律师只是列宁工作的一部分，这也是他从事革命工作的一个掩护身份。

第二节　锋芒初现

列宁到达彼得堡后，一边做着律师的本职工作，一边迅速与彼得堡的马克思主义者取得了联系。他们是彼得堡大学大一学生西尔文，彼得堡工艺学院学生克拉辛、拉德琴科等人，列宁顺利成为工艺学院马克思主义小组的一员。小组成员的"破冰"聚会非同寻常。初识列宁，小组里的同志只知道他是被沙皇绞死的亚历山大的弟弟，于是大家对他有一种天然的亲近感，但也只限于亲近感，小组成员对于一个外省来的陌生人，还是更在乎他的马克思主义理论水平。可见，工艺学院的马克思主义小组还是很纯粹、很有实力的。

列宁在小组甚至在整个彼得堡的左翼青年群体中一炮而红，是在迎接他加入小组的第一个晚上。工艺学院马克思主义小组的核心人物克拉辛，当天晚上要代表小组做一个关于市场问题的报告。如何认识市场，如何运用马克思主义政治经济学理解现实问题，到现在都是所有马克思主义者高度重视的一个问题。克拉辛在宣读前做了充分的准备工作，他拿出一张四开的大纸，对折两半，一半写他的发言内容，另一半交给小组成员在传阅的时候写上评论、建议或者自己的见解。初来乍到的列宁一点也没客气，对着克拉辛这个错误百出的报告唰唰写了大半页来纠错和评论。克拉辛在宣读前已经看到了列宁写的评论，但是他还是坚持读自己原本的报告，只字不提列宁提出的不同见解。

卡拉辛的报告试图用《资本论》中关于资本主义社会生产进程的理论，套用俄国资本主义发展的情况，得出了俄国资本主义的发展完全依靠国外市场的结论。显然这是想当然，也是错误的。等他读完，一直默不作声的列宁从窗户边的角落里站起来，俗话说"有理不在声高"，他没有疾言厉色，也没有高声指责，甚至整个过程都没有提克拉辛的名字，避免让克拉辛难堪。他用平缓的语气娓娓道来，但主张无比坚定，他主张——大家要关注的是现实问题，而不是生搬硬套公式。

但这并不是说列宁像个"民科"一样对理论知识一窍不通。他运用马克思在《资本论》中的核心理论，流畅地画出一个详细的图示，自然经济被商品经济取代的历史进程就这样被清晰地呈现在大家面前。列宁接着准确地阐述了由于农民的破产和分化，货币经济排挤了农业经济的发展，俄国才出现了资本主义的发展，基于此，民粹派所主张的资本主义在俄国没有发展土壤的观点就立不住脚了。列宁的发言要理论知识有理论知识，要现实观照有现实观照，逻辑严密，资料翔实，一下子征服了现场所有人。小组的西尔文在很多年后还对当时的场景念念不忘："我们的心头充满了难以抑制的喜悦，我们小组有了这样一个睿智的人物。"

列宁关于市场问题的发言，尤其是在草稿纸上画的图一下子"火出圈"，彼得堡的革命青年互相传阅他当时写下的笔记和画的图，交流转达列宁的发言，通过这些信息认识了这个未曾谋面的外省人，这里面也包括以后成为列宁妻子的革命青年克鲁普斯卡娅。她在《回忆列宁》里写道："这位新来的马克思主义者把市场问题提得特别具体，把它和群众的利益联系起来；在整个问题的看法中都令人感觉到这是活的马克思主义，是从具体环境和发展中考察一切现象的。"

工艺学院马克思主义小组的成员真正从内心接纳了列宁。随着交往的增多，大家发现，这个年轻人真是越相处越可爱。他为人谦和，说话直爽但不会伤害同志，有丰富的学识却一点也不傲慢。讨论涉及革命问题的时候，他思想集中，决不打马虎眼。大家给这个长着大额头、学识渊博的小年轻取了个外号——"老头子"。这个外号和他给小组带来的全新风貌呼应，列宁迅速成为小组的核心人物。除了与小组的同志交流、发言、做报告，列宁还在彼得堡结交了一批活跃的工人朋友，与他们共同成长为坚定的革命斗士。

列宁深知自己因为过往的经历始终被当局紧密监视着，因此他在结交朋友的时候很谨慎，怕给朋友惹来麻烦。但是革命事业需要更多的同志携手，列宁在寻找志同道合的革命者——他们需要和列宁一样，坚定地选择相信和依靠工人阶级来扛起革命的大旗——不能寄希望于单枪匹马、杀身成仁的民意党人，也不能指望始终寄希望于农民带领俄国复兴的民粹派。列宁寻找的是在当时属于少数的马克思主义者。

在当时的俄国，有革命抱负、受过教育的人大多受到民意党人或民粹派的影响，但由于组织实体已经被当局摧毁而没有发挥空间，于是就演变成了知识分子的清谈馆，大多是喊一嗓子开头、振臂高呼个结尾就没后续了。列宁极力避免自己和同志陷入这种知识分子清谈的氛围。而对警察当局来说，还在悄悄地、零散地活动的民意党人更危险，因为他们动不动就要搞个暗杀，搞得沙皇经常头疼。

在警察眼里，像列宁这样的社会民主主义者可好办多了，警察觉得这些人无非就是在工人和学生中讲讲课、发发传单，成不了什么气候。当时彼得堡警察司长兹沃梁斯基扬言："这一小批人，要说在什么时候能起作用的话，那得在 50 年之后。"搞预言是很危险的，容易一语成谶。不得不说这个司长还挺有见识，竟然预言到社会民主主义者以后会"起作用"，只是他预料错了时间——不在 50 年之后，不到 10 年，革命的马克思主义者已经掀起惊涛骇浪。

第三节　舌战彼得堡

先进的工业发展是彼得堡各种先进政治组织涌现的社会土壤。自农奴制改革以来，俄国社会各种思潮风起云涌。生活在那时候的俄国青年人每天都被不同立场、不同主张、不同目标的声音覆盖和影响，在阳光照耀着和没有照耀着的地方各种政治组织都在奋力发展壮大，希望用自己的思想主张影响更多的人。列宁在彼得堡的出场方式像一场中国的武侠剧，一个布衣侠客悄然登场，在没有人熟悉他的情况下逐个单挑各大门派，一战成名，布衣翩然，引得人们纷纷探寻获知他的名字和来历。从此，彼得堡各个政治流派都知道了有个青年叫乌里扬诺夫。对于彼得堡"合法"的马克思主义小组、自由主义民粹派和经济派三个各自有固定受众群体和影响力的组织来说，列宁的出现就是具有这样的武侠色彩。

与民粹派的论辩

1894 年初，列宁回到莫斯科探亲。他和刚成立不久的莫斯科马克思主义小组见了面，大家决定开个秘密会议批判民粹派代表人物沃龙佐夫的《俄国资本主义》一书。民粹派在彼得堡和莫斯科都有很大的影响力，其中尤以沃龙佐夫为代表。其实，包括民粹派在内的俄国社会知识分子群体对社会民主党的印象完全来自德国社会民主党，德国社会民主党在德国能开展合法议会活动，光这一条就在俄国注定水土不服。因此，对于那些急于进行革命、迫切希望革命马上出成果却又没读过马克思、恩格斯著作的人来说，俄国的社会民主主义者真是给自己找了个"闲差"，有事没事读读马克思恩格斯的书，开个座谈会聊聊心情，等着俄国革命自己出现。

抱着这种"谜之自信"的民粹派当然看不到俄国社会的经济条件已经发生了变化，俄国的资本主义成分越来越多，他们对变化反应迟钝，看不到俄国正在经历与西方一样的社会历史进程，自然也看不到俄国正在出现一支无产阶级大军。他们守着传统，盲目乐观地认为俄国的农民具有天然的共产主义属性，能够避免让俄国走资本主义那样的血腥之路，于是提出了"最好不要资本主义"的口号，花了很大力气去说明这种"最好"能够实现。所以，可以理解他们为什么对马克思主义者情绪那么复杂，他们知道马克思主义者是青年群体中的活跃和希望力量，但他们抱残守缺拒绝听到马克思主义的只言片语，甚至憎恨这些年轻人说他们"冷血无情"。此时，列宁的重要工作就是与民粹派斗争，要破除民粹派在革命青年中的影响，就必须与民粹派正面对峙。

1月21日晚，民粹派听到马克思主义小组的消息，也参加了这次秘密集会，沃龙佐夫同往常任何一场集会一样坐在上座，首先在气势上就是个"大佬"。列宁和小组的同志在门口处，没有着急上前，列宁先发制人，用讽刺的话语点评了几句沃龙佐夫的书，引起了会场所有人的注意。在大家转过来的探寻的目光注视下，列宁不疾不徐地用广博的理论知识把《俄国资本主义》的核心观点一一驳倒。

面对这种当面"挑衅"的行为，民粹派哪能坐得住？而在场的大多数年轻人即便不是民粹派，也都是深受民粹派影响的后辈，看到自己的"偶像"被一个不知道从哪冒出来的愣头青批判，瞬间情绪激动起来。但是，随着列宁用坚定不移的语气条理清晰地摆理由、列数据，大家的激动情绪荡然无存，开始变得静悄悄，大家凝神静气听着这个年轻人的发言。原本对门口的年轻人不屑一顾的沃龙佐夫这下真的坐不稳了，他高声反驳了一段，说俄国就是不一样，俄国的资本主义压根就没有未来，俄国的未来在乡间田野。这些话，不用说列宁，任何一个彼得堡或者莫斯科的年轻人都听得耳朵起茧子了。

列宁毫不退让，继续用平稳有力的声音一一反驳沃龙佐夫的观点，如列宁用翔实的数据说明俄国农村的农民已经出现阶级分化，俄国的农村公社未来的命运并没有那么乐观等。原来跟着沃龙佐夫一起反驳的民粹派声音渐渐低下去，越来越低，到最后他们开始交头接耳却再没有一个公开出声的，民粹派那边场面一度有些尴尬。列宁发言完毕，现场爆发出掌声。在场的年轻人开始热烈地讨论起刚才列宁提到的观点和论据。这场聚会本是一场秘密聚会，能参加的都是提前确定好的，马克思主义小组的成员是少数。在现场的多数人原本并不了解或者认可马克思主义，但在列宁的发言后，马上兴起对马克思主义的兴趣，开始用不戴有色眼镜的目光正视马克思主义和马克思主义小组。列宁"单挑"沃龙佐夫的消息不胫而走，彼得堡、莫斯科的青年人都在悄悄传播这一场"老少对决"。列宁和马克思主义小组成为两地升起的新星，吸引了很多年轻人关注和加入马克思主义小组。

与"合法马克思主义"的正面对决

"合法马克思主义"——听这名字就觉得透着一股诡异，在当时沙俄的社会环境下，标榜自己是马克思主义的团体竟然可以合法活动，属实有点画风不对。作为革命的马克思主义者，列宁他们与"合法马克思主义"唯一的交集就是都反对民粹派，理论分歧越来越多，正面对决不可避免。"合法马克思主义"代表人物司徒卢威是德国著名天文学家弗里德里希·司徒卢威的外孙，以他为核心的"合法马克思主义"和革命的马克思主义者一样都肯定俄国资本主义在快速发展的客观事实，但是"合法马克思主义"者不加任何辨析地讴歌资本主义的进步性，把西欧的资本主义奉为社会发展的典范，他们公开指责马克思主义不过是一种谈谈过去发生了什么、描述一下现在在发生什么和畅想一下未来将会发生什么的理论，阶级斗争理论是理想化的、是不科学的，要实行"现实主义"的斗争。他们这些人经常在沙皇政府批准的合法刊物上发表文章，因而得名"合法马克思主义"。

对这种"挂着羊头卖狗肉"的经院派，列宁不得不回击。1894 年秋天，革命的马克思主义者和"合法马克思主义"者双方派代表搞了一次辩论会。两方最有战斗力的选手——列宁和司徒卢威都上场了。司徒卢威的文章，列宁在辩论会前已经阅读过了，辩论会上司徒卢威扬扬得意地炫耀自己对《资本论》一些句子的熟悉程度，但是他们自始至终都在论述俄国应该向资本主义学习，却丝毫不提要跟现存的社会制度做斗争。列宁在司徒卢威等人的发言里察觉到了未来立宪民主党人的特征。列宁在这次辩论会上发表了《马克思主义在资产阶级著作中的反映》报告，着重批判了司徒卢威在《俄国经济发展问题的评述》一书中的主要观点。后来列宁用"士林"的笔名发表了一篇题为《民粹主义的经济内容及其在司徒卢威先生的书中受到的批评（马克思主义在资产阶级著作中的反映）》的文章，猛烈抨击司徒卢威等人的危害倾向。司徒卢威等人是用马克思主义当幌子的资产阶级知识分子，用削足适履的方式让马克思主义"适合"俄国的书报检查，进而把马克思主义曲解得不成样子，马克思主义最核心的内容，即无产阶级革命、无产阶级专政和阶级斗争等，则全被抹去了，马克思的思想变成"磨光了的铜钱"。

列宁的这篇文章被刊登在一套文集里，却很快被书报检查机构查封烧毁，只有几本文集被抢救下来。所以说，不用革命人士先察觉，反动当局先区分了"合法马克思主义"和革命的马克思主义。这下子，连之前剑拔弩张的民意党都意识到有问题了。政府的书报检查机构让司徒卢威们合法宣传自己的主张，却对列宁这些当时自称社会民主主义者的言论如临大敌，是友是敌，一目了然了。民意党的一些人看到这种区别，也逐渐意识到，他们和革命的马克思主义都是主张进行革命斗争的，而不是"合法的马克思主义"者那样只有空谈。对待列宁等革命的马克思主义者，民意党一些人转变了态度，知道他们无处印刷自己出版物的情况后，主动提出帮他们印制传单和小册子，列宁的《谈谈罚款》《谈谈罢工》等宣传文章都是民意党的拉赫塔印刷所印制的。

与"经济派"斗争

当时在俄国大城市的工人群体中还有一个有影响力的派别叫"经济派"，他们的核心主张是带领工人提经济诉求，但是只提经济诉求，不提政治诉求。"经济派"有《工人事业》和《工人思想报》两个舆论阵地，宣称工人运动的使命就是改善经济状况。他们混淆视听，说争取政治权利是资产阶级的事情，政治斗争、宣传鼓动都是违背工人利益的，马克思主义阶级斗争理论是错误的，等等。为什么"经济派"明明错得这么离谱，还能找到一大片支持者呢？这是因为沙皇统治根基太雄厚了，在大多数工人心中"国家该有一个沙皇"的观念根深蒂固，开展政治斗争的现实条件很不利，"经济派"就是这种折中和改良主义思想的产物。

列宁并不否认开展经济斗争、争取经济权利的合理性，实际上他几乎每天都参与到工人的团体活动中，对工人的诉求是很了解的。他最初在工人当中开展宣传鼓动和教育工作时候，也是从工人的切身经济诉求入手。列宁很清楚，如果一上来就和工人说"我们去把沙皇老子推翻吧"，会把工人吓跑的。但是日常生活尤其是经济利益是和政治交织在一起的，只说经济诉求、不提政治诉求是不切实际的。列宁给工人举例，工人如果和工厂主发生冲突的时候，警察和宪兵向着谁？显然，大家都知道答案。列宁还带着工人一起学习新颁布的劳工法，指出当中这么多条文，没有多少是为工人说话，主要是为工厂主说话。列宁专门写了一篇文章《我们的大臣们在想些什么？》，用通俗易懂的语言向工人说明政府的立法到底向着谁。这些宣传工作为提高工人的政治觉悟发挥了重要的作用。

第四节　遇见真爱

在彼得堡工人阶级中深入宣传马克思主义的时候，列宁遇到了以后成为自己妻子的克鲁普斯卡娅。他们因共同的事业而相识，因共有的理想信念而相伴一生。

克鲁普斯卡娅于1869年2月16日出生于彼得堡，成绩优异的她中学毕业时获得了金质奖章。中学毕业后，她上了师范班获得了家庭教师资格证书。克鲁普斯卡娅没有停下求学的步伐，她在1889年秋天进入彼得堡高等女子专修班学习，但入学之后发现课程枯燥无聊，不适合自己，于是便退学了。1890年她加入了彼得堡的一个社会民主主义小组，随后转入马克思主义小组，有机会在小组里和同志一起研读了《资本论》第一卷和马克思的其他著作，克鲁普斯卡娅成长为一名马克思主义者。1891年9月开始，克鲁普斯卡娅开始在工人夜校当老师，

*

克鲁普斯卡娅肖像

而且不收任何报酬，这份工作她一干就是 5 年。在工人夜校的生活让克鲁普斯卡娅将所学的马克思主义理论与社会实践联系在一起，让她真正能够理解工人的生活和思想，与工人阶级建立了牢固的联系。作为夜校第一个也是唯一一个马克思主义教师，克鲁普斯卡娅不仅要讲授文化知识，还要让学生接触和了解马克思主义。她还先后动员三个师范生好朋友加入夜校来授课。在克鲁普斯卡娅的辛勤努力下，这个夜校逐渐成为彼得堡的工人政治教育中心。克鲁普斯卡娅教的很多学生，如巴布什金、博罗夫科夫、格里巴金、波德罗夫兄弟、茹科夫等人，后来都成了列宁领导的马克思主义小组的成员，也悉数成为著名的无产阶级革命家。

克鲁普斯卡娅知道列宁的名字，主要是因为列宁初到彼得堡后那次"火出圈"的关于市场问题的发言和手绘图表。当时，彼得堡的革命青年争相传阅，列宁成了一个"传说"。克鲁普斯卡娅对列宁充满了好奇，很想见面和他讨论问题。1894 年 3 月，克鲁普斯卡娅所在的马克思主义小组的组长克拉桑组织了一次会议，列宁和克鲁普斯卡娅都参加了。共同的话题自然使他们很快熟悉起来，克鲁普斯卡娅在夜校当教师的工作让列宁非常敬佩，他也经常去工人小组授课，两人只要见面就有说不完的话题，谈学生、谈工厂、谈上课心得、谈调研收获……1894 年秋天，列宁在克鲁普斯卡娅的马克思主义小组宣读了他写的《什么是"人民之友"》，在里面列宁提出了明确的斗争目标，这让克鲁普斯卡娅大受震动。列宁跟自由主义民粹派和"合法的马克思主义"者的论

*

克鲁普斯卡娅，摄于 19 世纪 90 年代

辩斗争，克鲁普斯卡娅都是坚定的支持者。

1895年列宁被捕，这段甜蜜的恋爱生活暂告结束，但克鲁普斯卡娅不离不弃，两人3年后在流放地举行了革命婚礼。

第五节　"特种兵式"出国访问

在列宁的人生导师里，有一个绕不过去的名字——普列汉诺夫。他是俄国历史上著名的马克思主义宣传家和理论家，青年时代的普列汉诺夫像大多数俄国有志青年一样加入了民粹派组织，后来民粹派"到民间去"运动失败，使大部分民粹主义者开始对这种看法产生怀疑。他们转而采取个人恐怖手段，组织走向分裂。主张采取恐怖主义手段的成立了"民意社"。1881年3月，他们炸死了沙皇亚历山大二世，但这并不能改变专制的统治，只是招来更残酷的镇压。民粹派运动走上了绝路。

另一部分人以普列汉诺夫为代表，主张保留原有的策略，1879年9月另组土地平分社，在工农中积极进行革命宣传工作。普列汉诺夫一生三次被捕，流亡37年，是个当之无愧的革命家。但是他一生思想历程跌宕起伏，历经多次重大的思想转变。他脱离民粹派后成长为一个马克思主义者，但是在1903年俄国社会民主党第二次代表大会后，他渐渐与布尔什维克分道扬镳，转向孟什维克主义，第一次世界大战的时候又支持民族主义，此后对十月革命又持反对态度。

1880年普列汉诺夫开始流亡国外，他逐渐脱离了民粹派组织，在流亡途中接触到马克思主义者，开始学习《共产党宣言》。1881 年他着手翻译《宣言》的俄文版，第二年他收到了《宣言》的俄文版序言以后，很快把《宣言》印了出来。钻研和翻译马克思主义重要文献促使普列汉诺夫从民粹主义者转变为马克思主义者。他曾写道："我之成为马克思主义者不是在 1884 年，而是在 1882 年。"1883 年，普列汉诺夫与阿克雪里罗德、查苏利奇等革命者一起在日内瓦创立了俄国第一个马克思主义团体"劳动解放社"。

马克思、恩格斯的代表作品如《雇佣劳动与资本》《哲学的贫困》《费尔巴哈论》《关于自由贸易的演变》《恩格斯论俄国》等书被翻译成俄文出版发行，都归功于"劳动解放社"。他们领导的"劳动解放社"的活动对俄国马克思主义的传播起了重要作用，促进了马克思主义同俄国工人运动的结合，一批俄国有志青年都是通过"劳动解放社"的译介宣传了解了马克思和马克思主义。"劳动解放社"为在俄国建立无产阶级政党奠定了基础，对于当时在俄国国内的革命团体而言，能与"劳动解放社"联系上是三生有幸的事情。

机会以意外的方式出现了。1895 年春天，列宁得了很严重的肺炎。卧病在床的列宁用研读《资本论》第三卷来打发时间。他和彼得堡的同志们突然想到，可以用到国外治疗肺炎的理由申请出国，试着与"劳动解放社"联系上。这个提议在俄国各城市社会民主党人联席会议通过了。患肺炎的列宁申请出国疗养得到了批准。他于 5 月 13 日通过俄国边境，前往"劳动解放社"所在地瑞士日内瓦。列宁抵达洛桑，通过彼得堡同志克拉桑的亲戚拿到了普列汉诺夫的住址。列宁马不停蹄赶到日内瓦，找到当年在萨马拉结识的舒赫特一家。

舒赫特提醒列宁，不要去普列汉诺夫的家里找他，虽然远在瑞士，但是沙皇政府一直派人驻扎在这里盯着"劳动解放社"。不少俄国来访者都被密探发现了，一回到俄国就被抓。舒赫特为列宁安排了新的地点。普列汉诺夫得知俄国来了一个年轻人是当年被绞死的亚历山大的弟弟，还没见面便已经对列宁产生信任和期待了。两人在舒赫特安排的兰多尔特咖啡馆见面了。这是俄国革命史上两大巨星的首次相会。坐在列宁对面的普列汉诺夫，仪表端庄，留着独特的深褐色的胡子，两道浓眉下双眼炯炯有神。面对大自己14岁的、所有年轻人心目中的革命偶像，列宁难掩激动。他向普列汉诺夫介绍了喀山和彼得堡的社会民主主义小组的情况，跟他请教19世纪70年代俄国民粹派怎么搞宣传活动。列宁还特别将自己写的文章《什么是"人民之友"以及他们如何攻击社会民主党人？》和《说明我国经济发展状况的资料》送给普列汉诺夫，向他请教。

两人的会面还没结束，富有反监视经验的列宁和普列汉诺夫敏锐察觉到有不寻常的目光在往他们这边瞅瞅看看，会谈立马中止。普列汉诺夫对列宁的印象太好了，他建议列宁到苏黎世去，那里密探少得多，"劳动解放社"另一个成员阿克雪里罗德住在那里，他们约定在那儿碰头。列宁身体还没恢复，但是精神抖擞，他马上赶到苏黎世，普列汉诺夫也以讲学的名义到了苏黎世。

阿克雪里罗德给他们安排在一个叫阿弗尔登的村子里住了一个星期。5月的瑞士，草长莺飞，碧空如洗，两人天天一起登山出行，有很多感兴趣的共同话题。通过交流，列宁和普列汉诺夫在有关革命理论和战略的重大问题上都形成了一致的看法。

列宁还拜访了流亡在外的一些著名的俄国革命者，有沃迪、波特列索夫，还结识了著名的女革命家查苏利奇。"劳动解放社"的领导人听取了列宁的建议，承诺将在瑞士为俄国革命者定期出版《工作者》刊物，就革命合作的一些基本问题达成了共识，约定以后加强合作。这为国内外的俄国社会民主主义力量的团结甚至以后建立统一的工人政党打下了很好的基础。列宁也以自身的博学和活力给"劳动解放社"的领导人留下了深刻的印象。普列汉诺夫对列宁给予厚望，觉得这个后生是革命事业的未来；阿克雪里罗德虽然后来与列宁分道扬镳，加入了孟什维克，但他始终充分肯定列宁的才学和革命斗志。他回忆道："同乌里扬诺夫的几次谈话，实在是我的乐事。至今回忆起来，我仍然觉得是在'劳动解放社'生活中最幸福、最愉快的时刻。"

"特种兵式"行程还在继续。列宁在6月抵达巴黎，学习和感受欧洲先进国家的工人运动。在巴黎，列宁结识了法国最著名的社会主义活动家、马克思的女婿拉法格。本来，列宁想去伦敦拜访革命导师恩格斯，拉法格告诉他恩格斯已经病重，经不起打搅，遗憾未能成行。否则，国际共产主义运动史上将留下两大革命导师的世纪会面的精彩一幕。7月，列宁到了德国——马克思、恩格斯的故乡，列宁在柏林停留了将近两个月，他整日泡在普鲁士国立图书馆，如饥似渴地阅读马克思主义书报杂志。列宁还跟当地的社会民主党人建立了联系，达成约定在德国的维尔诺和俄国的彼得堡两地建立社会民主主义者的合作联系。普列汉诺夫还给列宁写了一封介绍信，列宁得以拜访德国社会民主党领导人李卜克内西。列宁在柏林还参加了很多次工人集会，趁机精进了自己的德语。

8月5日，恩格斯在伦敦逝世。列宁未能在恩格斯生前拜访导师，还在柏林的他听到恩格斯过世的消息，流泪写下了《弗里德里希·恩格斯》一文纪念国际共产主义运动的伟大领袖。

列宁第一次出国一共在欧洲停留了4个多月，结识了欧洲各国一大批工人运动的领导人和代表人物，阅读了大量的马克思主义文献，学习到了很多先进国家开展革命斗争的经验，开阔了眼界，增进了知识。而唯一的难处是花钱，列宁爱书如命，利用难能可贵的出国机会可以买到这么多在俄国获取不到的书刊，列宁一口气买了好多，结果就是生活费都花光了，不得已跟母亲写信求助。

准备启程回国，怎么带这些书回国就成了老大难。要是别人这压根不是个问题，但是列宁显然"享受"特殊待遇，他在被警察监视的名单上，人到欧洲没几天，俄国警察司就给国境线上的所有宪兵站站长发了公函，将列宁列为回国必须严密检查的嫌疑分子。列宁自己也很清楚，他回国必然要经受层层检查，带着这些革命书刊属于"自投罗网"。要是舍弃不带吧，又舍不得。于是，他想办法找到一家专门做箱具的门店，按照列宁的需要做了一个带夹层的箱子。行家一出手确实不一样，做箱子的师傅手艺了得，夹层暗格从外面看或打开箱子都看不出来。列宁把书都装在夹层里。到了边境检查站，看到了名字早在单子上的大活人，宪兵们眼睛都亮了。他们把列宁的箱子翻了好几遍，都没看出来什么。有个宪兵大力地拍了几下箱子底，列宁当下立马紧张了，心想，糟了！但是，事情就是这么凑巧，宪兵没有拍打出什么，竟然放行了。

第六节　创办斗争协会

回国后，列宁受到的监视更严密了。不过列宁很机警，早在喀山时候就跟着老民意党人学会了很多方法，如怎么摆脱暗探的盯梢，怎么发暗号，怎么使用化名和怎么秘密联系其他战友等。有一次，有个暗探紧跟列宁，为了不让他跟到自己的住所，列宁一直变换路线，但是这个暗探很有手段，死死跟住列宁。列宁发现暗探现在躲在一个房子的大门洞里，视线受阻，于是列宁马上转身大步跑进这栋房子入口处的传达室，弓着身子坐在看门人的大椅子里。从传达室的玻璃看出去，能看到外面，但是外面却看不到椅子里坐了什么人。等暗探探出头来想继续跟紧列宁，却突然发现列宁就在自己眼皮子底下消失了。他急得不行，往东跑去找，没一会儿又跑回来，往反方向跑去搜寻列宁。列宁在传达室里看着他东蹿西跑的样子，忍不住笑出来。

列宁还找了一个手艺好的木匠帮着做了一个很特别的圆桌。这个圆桌只有一条腿，桌腿很粗，中间是掏空的，下面还有一个特制的底盘，可以旋转开。机密的文件资料都被放进了桌腿里。这张桌子的秘密直到列宁和克鲁普斯卡娅先后被捕的时候都没有被警察发现，后来姐姐安娜还继续用这个桌子来保存列宁从狱中传出来的秘密文件。

被监视的生活还在继续，但组织的工作不能因为被监视而停摆。列宁一回国马上着手建立统一的工人组织。在彼得堡，还有一个知名的革命者叫马尔托夫，他组织了一个规模不小的活动小组。马尔托夫后来成为俄国社会民主党的重要成员，在建党原则等最根本的问题上与列宁等人有重大分歧，在改组会议上俄国社会民主党分裂为以列宁为首的多数派和以马尔托夫为首的少数派，也就是我们熟知的布尔什维克和孟什维克。说回列宁建立统一工人组织，列宁召集了彼得堡革命的马克思主义小组和马尔托夫的革命小组开了联席会议。开会的目标就是把这些组织合并为一个统一的社会民主主义组织，在工人中开展群众性政治鼓动工作。接着，列宁又召集了革命的马克思主义者的大会，会上完成了成立全彼得堡市马克思主义组织的准备工作。12月27日，组织正式定名为"工人阶级解放斗争协会"，斗争协会由彼得堡市20多个马克思主义小组组成，这是俄国国内马克思主义政党的雏形。

斗争协会的领导机构是中心小组，列宁、克尔日扎诺夫斯基、斯塔尔科夫、瓦涅耶夫和马尔托夫等人是主要领导成员，列宁被协会任命为所有出版物的编辑。列宁也在后续的工作中履行在欧洲访问时候的承诺，回国后及时与"劳动解放社"以及其他社会民主主义人士联系，并为在国外出版发行的刊物《工作者》杂志撰稿介绍俄国工人运动情况。根据列宁的提议，斗争协会以区为单位分了几个大组，中心小组和三个区组通过组员与全市70多个工厂联系，每个工厂都有收集情况和做传播工作的组织员，大型工厂建立工人小组。组织在逐步扩大，列宁的工作更忙了。当初英国工人也成立了统一的组织，但走上了工联改良主义的错误道路。列宁为了避免俄国工人组织重走英国的老路，主张工人组织在领导开展经济斗争（如要求涨工资、缩短工作时长、改善工作环境等）的同时，积极开展政治斗争。列宁在这一时期发表了一系列的宣传鼓动性理论文章，如《新工厂法》《告托伦顿工厂男女工人》《对工厂工人罚款法的解释》《告俄国工人》等。

一石激起千层浪，彼得堡斗争协会的成立让俄国其他城市的工人革命小组受到鼓舞，一时间成立了很多类似的协会组织。为了进一步加强不同城市的协会组织的联系，列宁着手创办工人阶级解放斗争协会的第一个秘密机关刊物《工人事业报》。1895年12月8日，创刊号一切准备就绪，斗争协会的主要成员在克鲁普斯卡娅的住处开会，宣读了即将印刷发行的《工人事业报》创刊号。当晚，列宁和战友们被捕，创刊号稿子被没收。列宁漫长的入狱和流放经历由此开始。

第七章

"他是为斗争而生的"

克尔齐强诺夫斯基在第一次见到列宁的
时候评价他——"是为斗争而生的"。在
监狱和流放地，列宁的身体没有因当局的
野蛮摧残而垮掉，精神也没有因当局的折
磨而崩溃。他用笔做武器，创作了大量著
作，为后来创建俄国马克思主义政党打下
了坚实的理论基础。

第一节　第二次入狱

列宁被捕的消息很快传遍了彼得堡。彼得堡律师协会的同行们很同情列宁，向警察局递交了保释申请书，母亲玛丽亚也以个人名义提交了一份，均被驳回。早在开展活动前，列宁做好了被抓的准备，他在给姐姐的信里提醒姐姐，如果以后自己被捕，请不要让妈妈再跟以前一样为我四处奔走了，妈妈为了哥哥和你我，永远在担惊受怕，太不容易了。

列宁被关在彼得堡什帕列尔街监狱第 193 号，这里是"未决犯拘留所"，列宁被安排在一个单人牢房里，没有窗户，没有狱友，为的是用逼仄黑暗的牢房环境折磨列宁的精神。第一次审讯时候，警察提到了他从国外带回来的那只箱子，因为他们已经在列宁的住所搜寻好几遍都没有找到箱子。列宁强作镇定回答箱子在莫斯科的家人那里。争分夺秒搭建箱子证据链开始了，主打的就是一个时间差，谁快谁就能获胜。审讯完毕，列宁找到时机用密码信通知了前来探监的克鲁普斯卡娅，克鲁普斯卡娅马上转告安娜。安娜也是个富有斗争经验的行动派，她马上按照箱子原样找人"复刻"了一个箱子。等到警察到达莫斯科的时候，"箱子"安然无恙地在储物间放着，即便警察有怀疑也未发现异常。警察还是找到了其他的证据。他们从瓦涅耶夫那里抄走了尚未付印的《工人事业报》创刊号，证实了列宁和被捕的多人都有联系，而且还找到了列宁去工厂给工人上课的证据。

在被捕 20 多天后，列宁从拘留所里寄出了第一封密

*

1895 年，列宁因为参与彼得堡的工人阶级解放斗争协会而遭到逮捕。图为
秘密警察公共安全与秩序保卫部的逮捕记录

码信，表面上看信的内容是列宁准备写一本书叫《俄国资本主义的发展》，让家人往监狱寄来一些科学书作为参考资料，收件人是乌里扬诺夫一家的多年老友切波塔辽娃。但实际上，这是写给斗争协会的同志们的，列宁急切地想知道多少同志被捕，还有哪些同志暂时安全。

显然，名字不能出现在信里，列宁用了一套独特的暗号。他把同志们的绰号和他信里要求寄来的科学书籍的内容联系在一起，附上了一长串科学著作和统计汇编的书单，列宁在书单里巧妙地穿插一些暗藏信息的书名，在书名旁边打个问号，表示自己不确定是否把书名记对了。这些书名是怎么跟同志们的信息对上的呢？这就需要同志们之间的高度默契了。举例来说，列宁在书单里写了这样一本书——维·维：《俄国资本主义的命运》，协会有个同志斯塔尔科夫的名字也叫维·维，在这个书名旁边打个问号，代表列宁想知道斯塔尔科夫的消息；他想打听克鲁普斯卡娅是否暂时安全，列了一本书——麦·李德：《鳗鱼》，因为协会的很多同志知道克鲁普斯卡娅的绰号就叫"鳗鱼"。生怕狱警察觉到端倪，列宁在第二页加了一句话："多种体裁的书可以用来调节单调的环境。"列宁这封暗号信顺利通过了监狱的检查，虽然被捕前他和协会同志们并没有商量好暗号密码，但收到列宁这封信后，监狱外的同志们"秒懂"。再比如，列宁想问下诺夫哥罗德的两个人瓦涅耶夫和西尔文，他打了问号的书名是科斯托马罗夫的《混乱时期的英雄传》，因为这两个同志日常行动的化名是"地雷"和"烈火"。同志们对这条信息的回复——图书馆里只有《混乱时期的英雄传》第一卷，列宁就知道了，瓦涅耶夫被捕了，西尔文还是安全的。

被捕一个月后，列宁的妈妈、姐姐和妹妹一起搬到了彼得堡的郊区，以便探视列宁。前面写列宁的姐姐安娜和妹妹玛丽亚的时候读者们已经了解，安娜和玛丽亚成了列宁从狱中传递信息的中转站。家人获准每周一和周四可以探视列宁，一次可以单独会见，时长一小时，全程在狱警的监视下进行；一次是一般探视，要隔着铁栏杆，狱警在牢房内穿行监视。

1896 年秋天，德米特里几经辗转从莫斯科来到彼得堡，看望被捕的哥哥列宁。列宁目前处于被拘留还没有出判决结果的阶段，因此按照规定探监的人只能隔着两排铁栏杆和犯人对话。看守在这两排栏杆之间狭窄的通道上来回巡逻，时刻盯着。这是德米特里第一次见到牢房，一点光都没有，潮乎乎的，消瘦的哥哥站在铁栏杆外微笑着，弟弟眼睛瞬间红了。列宁见状，马上给弟弟说几句玩笑话，一说完，德米特里破涕为笑，列宁自己也哈哈哈笑起来。狱警马上过来警告：在监狱里不准笑！

除被允许每周两次探视之外，家人每周可以去监狱送饭三次、送书两次。这样，单独监禁的列宁与外界失联的问题就解决了。列宁把监狱变成了领导解放斗争协会的指挥部。安娜负责为列宁传递外界的信息，她尽心尽力地把所有能收集到的信息都利用每周单独探视的机会告诉列宁，列宁也抓住机会把在狱中的思考和需要传递的信息告知安娜。在狱警监视下，敏感词汇如"罢工"就用英文或者法语来说，不然会被发现。有时候两个人彼此用暗号听懂了所谈的内容，就哈哈大笑起来，搞得狱警莫名其妙，还误解他们是一对脑子不好使的恋人，都这样了还傻乐。

有一次，两人的谈话外语含量太高，狱警警觉起来，朝他们吼道："说俄语！"列宁回头看了狱警一眼，好吧，那就说俄语。他接着对姐姐说："你对这位金人说……"金人指的是同志戈德曼（Goldman），列宁把这个词译成俄语，安娜"秒懂"，只有狱警毫不知情。此外，安娜每周给列宁送两次书。每包书里都有一封用铅笔在字母上点了点或者画了线的密码信。这是在入狱前，列宁教会安娜的通信技巧，点或者断线被标记在字母之间，再用约定的记号标记出密码信引用的书和页数。这种交流方法非常有效率。周三，密码信随着书送到，周四探监的时候就可以继续传递信息。安娜除了告诉列宁监狱外的活动情况，比如罢工的进展、协会的活动等，还要和妹妹一起传递被关押在牢内的同志的情况给列宁。听到有的同志在狱中被折磨得精神接近崩溃，列宁就立即想办法通过监狱的图书借阅传递信息，鼓励战友们调整和坚持。

身在狱中，列宁坚持要斗争协会的同志们尽快筹备召开第一次代表大会。1896年夏天，彼得堡爆发了纺织工人大罢工，很快罢工浪潮席卷莫斯科，吓得在外地巡视的沙皇不敢回彼得堡。情绪高昂的工人们越来越欢迎"工人阶级解放斗争协会"的指导和参与，要求他们多印发传单。列宁在狱中马不停蹄地拟定了好几个小册子的标题，但要把这些指导性的小册子全文传输出监狱，非常困难。得益于从小到大在家中获得的劳动教育，列宁心灵手巧地用监狱发放的黑面包制作成了瓶子形状。把每天发放的牛奶存进面包瓤做的小瓶里，再用笔杆蘸着牛奶在可以通过检查的书页上写字，干掉的牛奶字迹用蜡烛烤一下就能显出来。真是太巧妙了！在狱警的眼皮子底下干这个，随时有被发现的危险。有次巡逻的狱警瞥到远处的牢房里列宁似乎正在写字，马上跑过去，大笑出来："哈哈，被我抓到了，你果然在写东西！你在写什么？快拿出来！"列宁无比镇定，不慌不忙地把手里的面包往嘴里送。狱警吃惊道："你怎么吃墨水瓶？"列宁把吃了一半的面包拿出来给他看，说："您大概看花眼了吧，这是面包，哪来的墨水瓶？"狱警下意识地揉了揉眼睛，嘀咕道："奇了怪了，我明明看到的是墨水瓶，怎么回事啊……"狱警走后，列宁继续用攒着的面包重新做了瓶子，倒上牛奶继续写。有一次列宁一天连续吃了六个面包瓶子才把传单写完。列宁在过着紧张又忙碌的监狱生活，家人为他提心吊胆，列宁安慰来探视的妈妈说："我的处境比俄罗斯帝国的其他公民都好，因为他们已经不能再逮捕我了。"

　　身处逆境，该怎么做，每个人有每个人的判断。列宁的革命乐观主义精神值得我们去体会和思索。身陷囹圄并没有消磨掉他的意志，每天冒着风险从事革命事业让他斗志满满，列宁的很多名篇都是在14个月的牢狱生活中完成的，如《告沙皇政府》《五一节》等，他的巨著《俄国资本主义的发展》所需要的大量资料都是在狱中收集的。

列宁出狱后被流放西伯利亚，途中在莫斯科停留了几天，弟弟德米特里前往莫斯科的波多利斯克，那是列宁乘坐的火车中途要停靠的车站。德米特里生怕连夜坐车的哥哥饿着肚子，一手拿着一个馅饼，另一只手拿着一个面饼。本来等待亲人就度秒如年，又赶上了列车晚点，总算等到了！车厢里，列宁给了弟弟一个大大的拥抱，像上次去拘留所探视哥哥一样，弟弟再次想哭，只是，这次是久别重逢的泪水。看到德米特里手里的两个饼，列宁哈哈大笑起来。两人一见面有聊不完的话题，聊妈妈身体好不好，聊姐妹们的近况，聊正在写的著作，聊风起云涌的工作。不知不觉聊到了上次拘留所的会面，德米特里总算有机会向哥哥诉说自己第一次看到监狱的感受，列宁接着回忆起在拘留所的一件小事，他觉得当时在拘留所的时间并不痛苦，甚至可以说过得还算不错——因为那里有一个很好的图书馆，他和其他同志同外界也取得了联系，每个人都有事情干。

有天，狱警突然通知列宁让他把东西都收拾起来，"你猜，我当时第一个念头是什么？"列宁问弟弟。德米特里不假思索地答道："那些浑蛋没让你把书读完。"列宁笑出声来，德米特里太了解自己了，接着说道："亲爱的米佳（德米特里的小名），监狱的障碍，如同其他的所有障碍一样，是可以克服的。要么，你鄙视监狱，做自己命运的主人；要么，监狱摧毁你，摧毁和击溃你。第三条道路是没有的。"

第二节　第二次流放

　　1897 年 2 月 10 日，14 个月的牢狱生活宣告结束，列宁被判流放西伯利亚 3 年，受警察公开监视。消息一出，斗争协会的同事们一起欢呼。操碎了心的老母亲玛丽亚继续为列宁奔走，争取到了更改流放地为西伯利亚的舒申斯克村。这里的生活环境要稍微好一点，而且列宁的战友克尔日扎诺夫斯基和斯塔尔科夫等人也被流放到这个村，可以互相照应。相比于之前流放到老家辛比尔斯克的生活而言，舒申斯克的这次流放要艰苦太多了。

　　在出发去流放地之前，他们获准在彼得堡停留 3 天。我们会疑惑，沙皇政府这么人性化吗？原来，是一起被判刑的马尔托夫的母亲托人向警察局长求情。这就为其他人也开了一个口子。14 个月的监禁后突然而降的 3 天的自由，太珍贵了！列宁在前两个晚上抓紧时间和斗争协会的同志们开会，还和要一起去流放的战友们拍了合影。本来妈妈玛丽亚为列宁争取到了不用被押解、自费前往流放地的待遇，但列宁在第三天决定到莫斯科和战友会合一起前往流放地。早就有人提醒过玛丽亚，流放不可怕，被押解去流放才可怕，玛丽亚担心列宁在被押解途中就病倒了，所以一听列宁放弃自行前往的机会，急得流出了眼泪，本来就操劳的身体病倒了。还在等待莫斯科的战友跟自己会合的列宁没有等到及时前来的同志，等来了一封莫斯科保安局的最后通牒：要么现在拿上通行证滚蛋，要么再把你抓进牢里去。无奈，列宁只能自行前往流放地。妈妈、妹妹、姐姐和姐夫四人送他过去。

*

1897 年 2 月，列宁（中间座位）和其他工人阶级解放斗争协会领导成员在
彼得堡合影

先坐火车，放眼望去一片荒原，偶尔能看到一片森林，村庄很少，整整 3 天沿途看到的除了白雪就是天空。到达流放区克拉斯诺尔斯克后，列宁到当地的警察署报到，但警察查了半天也没查到列宁的流放通知，于是，列宁被要求原地不动，他在克拉斯诺尔斯克区的城里住了下来。当时有很多被流放的社会民主主义者也在这里，和列宁结识迅速成为好朋友。在这里住了两个月，列宁最常去的地方就是市图书馆和尤金图书馆，看书看累了就来一场"城市漫步"。不久后，克尔日扎诺夫斯基、马尔托夫、瓦涅耶夫和斯塔尔科夫等人陆续来到这里会合。他们流放的信息也下达到了当地的警局。1897 年 4 月 30 日，列宁和克尔日扎诺夫斯基、斯塔尔科夫一起乘坐"圣尼古拉"号轮船前往米努辛斯克市。将近 7 天的航程后，他们换乘马车，到达广袤的大农村舒申斯克村。

虽然做了心理准备，但是舒申斯克村的样子还是把列宁他们小小震惊了一下。村子外围堆满了粪便，道路尘土飞扬，一条小河已半干，另一边一片树林快被砍伐完了。距离村子 30 多俄里的地方就是西伯利亚的原始森林，天气好的时候可以眺到远方的皑皑雪山。列宁被安排住在村民兹里亚诺夫家的一间空房里，警察换班对他进行公开监视。住的条件不算好，但是这里物价便宜，列宁用每月 8 卢布的补助可以买羊肉吃，还能买到牛奶。他找了当地一个大姐帮忙做饭，自己的胃总算没受虐待。

跟列宁一起被流放的同志被安置在不同的村子里，马尔托夫因为是犹太人的缘故被放在最偏僻的士鲁汉斯克村，那里被沼泽地隔绝开，因此马尔托夫在整个流放期间都和同志们失联。列宁和被流放的战友偶尔还能见见面。母亲玛丽亚想给列宁申请流放一年半载之后搬回城区，当时大多数流放者都这么操作的。但是列宁却并不着急回城里，村里的生活条件虽然很不好，但是列宁很珍惜可以安安静静读书的机会。村里生活单一，所以没有什么分神的事情。大量地阅读，快速地记笔记，累了就起身锻炼身体，跑步、游泳或者做操，有时还会和同志们一起去打打猎或者去滑冰。经过一年多的时间，列宁已经适应了流放地的生活。

有人调侃说不要惹一个闹钟一响就能马上起床的人，因为这样的人是能克服惰性的"狠人"。按照这个标准，列宁则是"狠人"——狠人加一点。列宁从小酷爱下棋，在流放地的时候也会找机会下棋。但是列宁后来就不下棋了，原因是下棋太让自己着迷了，这样会妨碍工作。这不是列宁第一回生生掐断自己的兴趣爱好。中学的时候，列宁喜欢上了滑冰。但滑冰之后人容易感到疲倦，一疲倦就想睡觉，妨碍学习，所以列宁在上学期间就不滑冰了。只要是自己察觉到妨碍正事，列宁都能及时中断那些兴趣爱好。这可比早上闹钟铃响果断起床的难度还要大。

第三节　在流放地的婚礼

在列宁被监禁的时候，克鲁普斯卡娅也被捕了。1896 年 8 月，沙皇政府逮捕了 128 名工人，还有 800 多人被驱逐出城区。警方怀疑克鲁普斯卡娅与斗争协会有联系，并在工人中进行宣传工作，于是将她逮捕了。但是警察拿不出证据，关了克鲁普斯卡娅一个多月后，只能把她放了。出狱后的克鲁普斯卡娅处在警察的严密监视中。她冒着风险着手恢复斗争协会被中断的联系，10 月 28 日，再次被捕，和列宁进了同一所监狱。但是直到列宁出狱和被流放，她都没有机会和列宁见面。

这时，彼得堡的监狱发生了一件大事。特鲁别茨监狱的女政治犯——年轻的女学生威特洛娃饱受宪兵侮辱，她不堪忍受，倒出灯里的煤油自焚。威特洛娃的惨死引起了社会的强烈关注和公众的愤慨。政府为了平息舆情，不得不释放出许多被监禁的女性。克鲁普斯卡娅在 1897 年 3 月 12 日获释。到 12 月底，她被判流放乌法省 3 年。克鲁普斯卡娅向内务部长申请把自己的流放地改为未婚夫列宁所在的舒申斯克村。她还请求缩短自己的流放期限，因为列宁的流放到 1900 年结束。虽然两人当时并没有订婚，但彼此已把对方视作共渡困境的伴侣。远在西伯利亚的列宁也向当地警察局申请批准克鲁普斯卡娅流放到自己所在的村里。最终，当局同意了克鲁普斯卡娅更改流放地的申请，但期限不变。

1898 年 4 月，克鲁普斯卡娅在母亲的陪伴下动身前往舒申斯克村。出发之前，列宁的家人给她和列宁准备了很多书籍、衣物和日用品。克鲁普斯卡娅的母亲心疼她要去偏远的西伯利亚生活，坚持陪她一起去过苦日子，母女二人先是坐火车，又是换轮船，最后坐马车，整整走了 6000 多俄里，终于到达目的地。房东热情地接待了她们，邻居们听闻列宁的未婚妻远道而来，纷纷过

СПРАВКА. Ульянова [Ленина], Надежда Константинова, урожденная Крупская, дочь Коллежскаго Ассесора.

Въ 1898 году Ульянова привлекалась въ С.Петербургѣ по дѣлу о преступномъ сообществѣ "Союзъ борьбы за освобожденіе рабочаго класса"; дознаніемъ установлено, что Ульянова устраивала рабочіе кружки, причемъ была посредницей между рабочими и интеллигентами, давая первымъ руководителей. На основа-

ніи ВЫСОЧАЙШАГО повелѣнія, 11-го Марта 1898 го Ульянова подлежала высылкѣ въ Уфимскую губернію подъ гласный надзоръ полиціи на три года срокомъ 11 Марта 1901 года. Постановленіемъ Особаго Совѣщанія Ульяновой воспрещено жительство въ столицахъ и С.Петербургской губерніи впредь до распоряженія, а въ университетскихъ городахъ и фабричныхъ мѣстностяхъ на одинъ годъ, считая съ 11 Марта 1901 года. 12-го Марта 1901 года за № 27 Уфимскимъ Губернаторомъ выданъ Ульяновой заграничный паспортъ. Въ Маѣ того же года Ульянова выбыла въ Австрію и была по-

*

克鲁普斯卡娅被捕之后，在警方留下的档案

来凑热闹，挤满了小小的房间。

暮色沉沉，打猎回来的列宁还纳闷，怎么自己的房间亮着灯？房东骗他说是你那个流放的朋友普罗明斯基喝醉了，把你房间里的书甩了一地。列宁一听马上往房间跑，迎面看到的却是思念已久的恋人。

久别的恋人历经被捕、流放，虽然时间只有一两年，但却有一种沧海桑田之感。他们彻夜长谈，谈他们各自狱中的生活、流放途中的见闻和对彼此的思念。之前，克鲁普斯卡娅并没有回应列宁的求婚，这次，她笑弯了眉眼，回复道："那好吧，做妻子就做妻子吧！"

让人大跌眼镜的是，"催婚"最厉害的是警察局。警察在克鲁普斯卡娅到达的第二天就警告他们俩：如果你们不马上结婚，就要把克鲁普斯卡娅送回原定流放地。真是令人啼笑皆非，谁能想到警察比他们还着急让他们办婚礼。两人必须快点办理结婚手续，光是准备证件就费了不少功夫。列宁邀请村民叶尔莫拉耶夫和茹拉夫寥夫做自己的证婚人，这两个都是列宁十分尊敬的农民朋友。他给战友们写信邀请大家来参加婚礼。在 1898 年7 月 22 日这天，在亲人、村民朋友和战友们的见证下，列宁和克鲁普斯卡娅举行了简单温馨的婚礼。

因为房东的朋友们经常晚上喝酒喝到后半夜，结婚之后，继续住在原来的房子里就不太方便了。列宁和克鲁普斯卡娅搬到了孀居的彼得罗娃家，用四个半卢布的价格租了半栋带菜园的房子。丈母娘负责管理家务，两个年轻人显然不如她有持家经验，列宁发自内心地感激和尊敬丈母娘。从小在彼得堡出生长大的克鲁普斯卡娅一开始对农村生活很不习惯，旧式的炉子不会用，饭菜做起来也毫无头绪，好在她适应力强，很快就习惯了这里的生活。列宁在菜园里种上南瓜、胡萝卜和甜菜，菜园子收拾得有模有样，还和妻子一起种了一些花草。在流放地，他们组建了一个温馨的小家。

爱好打猎的列宁养了一条小狗"茌卡"当猎犬，忙碌的写作之余，他和妻子牵着"茌卡"一起去森林里打猎。生机勃勃的大森林是治愈烦恼、舒缓心绪的良药。时隔多年，克鲁普斯卡娅还对那段流放时光记忆犹新："那原始的纯真而欢乐的时光仍然如在眼前。"这是克鲁普斯卡娅的革命乐观主义精神。正是因为有这样的精神，才能忘却流放生活的清苦与折磨。实际上，很多流放者并没有经受住流放生活的磋磨。偏僻孤寂的生活环境、当局的监视和施压以及流放者之间一些无谓的纠纷，让很多人难以忍受，精神垮了下来，有的人身体也一天不如一天。如喀山的第一批马克思主义小组的组织者费多谢耶夫、霍普芬豪司相继自杀，斗争协会的成员扎波罗热茨和瓦涅耶夫因病死在流放地。亲密战友的逝世让列宁十分痛心。他尽可能地通信鼓励其他在流放地挣扎的同志们坚强体魄，野蛮精神，列宁自己也是这样做的。他和克鲁普斯卡娅携手渡过了流放的难关。

后来著名的国际共运活动家、社会主义女权代表人物克拉拉·蔡特金这样评价列宁夫妇：

> 对生活的目标和意义的最真挚的共同一致的看法，使他们结合起来。克鲁普斯卡娅是列宁的得力

助手，是列宁首要的也是最好的秘书，是列宁在思想上最可靠的同志。时代风浪和火热的革命斗争证明了这一点。在以后长达 26 年的夫妻生活中，两人珠联璧合，伉俪情深，同甘共苦，在共同的理想和追求下，为全世界劳动人民的解放事业贡献了他们毕生的精力，成为后人学习的楷模。

第四节　重操旧业

列宁和当地的很多村民成了好朋友，贫农朋友带领列宁细致地了解了农村生活和农民的处境。列宁运用自己的法律知识帮助贫苦的农民维权，每到星期日他就给人民群众免费做法律咨询。按理说，列宁这样的流放犯是不被允许从事法律事务的，但西伯利亚天高皇帝远，被人调侃为"上天赐给沙皇的天然大监狱"，当地政府也并不在意列宁当不当律师。于是，列宁得以在流放地重操旧业，当然，不是为了赚咨询费。

一次，一个被金矿主开除的工人找列宁帮忙打官司，结果打赢了，帮助矿工讨薪成功，气得矿主破口大骂；紧接着一个农民被冤枉放火烧森林，列宁替他写了诉状，还帮他洗刷了冤情。列宁一下子在十里八村火了。很多人从遥远的村庄慕名而来向他寻求法律援助。列宁总是耐心地听村民们讲述，需要他开口的时候才会说出自己的想法。甚至有一些农户之间产生了家庭纠纷，都让列宁来断案。律师列宁的名望不仅让村民慕名而来，还震慑到了当地的法官。有一次，一个农妇的牛被贵族家的牛顶伤了，乡下法院向着贵族大老爷，判了贵族只赔付农妇 10 个卢布。农妇不想忍气吞声，她到法院去抗议，并大声告诉法官要请舒申斯克村的列宁来给自己辩护。法官慑于列宁的声望，只好主动做出让步，重判了这个案子。

与农民的密切联系使列宁掌握了很多西伯利亚农村的一手资料，与农民的友谊让他受益终生。后来到他流放期满要离开舒申斯克村的时候，村民们依依不舍地与他分别。妻子克鲁普斯卡娅早已在流放的这两年时间里成为很多人的老师，分别的时候青年工人恩格贝尔格送给她一件自己做的礼物——一枚书本形状的胸章，上面写着"卡尔·马克思"，来纪念和感激老师克鲁普斯卡娅给他讲解过《资本论》。

律师工作始终没有成为他的全职。身居偏远的西伯利亚，列宁继续自己的革命事业，没有丝毫动摇。

第五节　笔耕不辍

在 3 年的流放生活里，列宁发表的著作和文章有 100 多万字，他还为俄国社会民主党写了大量的秘密文件、宣传册和传单，还翻译了《英国工联主义的理论与实践》等书。有代表性的著作我们简要列举一下。列宁写作了小册子《俄国社会民主党人的任务》，初步论述了党的政治纲领和策略；出版了《我们拒绝什么遗产》《评经济浪漫主义——西斯蒙第和我国的西斯蒙第主义者》等学术专著，驳斥了民粹派关于俄国国内市场的主要理论观点；撰写了《俄国社会民主党中的倒退倾向》《农业中的资本主义》《俄国社会民主党人抗议书》等文章，公开批判德国伯恩施坦的修正主义、俄国国内"经济派"和"合法的马克思主义"的错误观点。此外，他还阅读了大量的哲学书籍，做了厚厚的笔记。

在流放期间，列宁完成的最有分量的著作是《俄国资本主义的发展》。1899 年 3 月，姐姐安娜和姐夫马尔克联系到了出版社，列宁用的笔名是弗拉基米尔·伊林，全书40 万字，能够在严苛的书报检查制度下出版，真不容易啊。早在被捕入狱之前，列宁就有了写作这本书的计划，几年的时间里不间断地寻找数据，积累资料，无论是在狱中还是在流放地，列宁都没有停止写作，他研读了几百部著作和统计资料集，彼得堡、莫斯科和途中能去的所有图书馆，都留下了列宁查找资料的痕迹。到了流放地，获取信息、阅读书刊难上加难，列宁靠着国内外亲友和同志的帮助，克服重重困难完成了这部鸿篇巨制。

这本书是对俄国民粹派的清算。全书共有 8 章。列宁先在开篇把民粹派关于俄国国内市场的主要论点一一驳倒，然后用三章的篇幅分析农业资本主义的发展规律，接着三章是探讨工业资本主义的发展规律，最后一章是分析工农业资本主义形成的国内市场。书中的数据等信息丰富，列宁用丰富的论据证明资本主义已经在俄国发展起来了，而不是民粹派坚持的俄国国内没有资本主义。列宁的论点看上去惊世骇俗——农民不仅不是资本主义的对抗者，而是资本主义坚实的后盾。资本主义锐不可当地浸入了工业，还浸入了乡村和农业。俄国的工厂在不断增加，无产阶级人数在城市和农村都在增加，城市和城市人口也在显著增加。这些客观的事实和数据不能继续被视而不见。列宁的研究表明，俄国的农业越来越具有商业属性，资本主义正在以前所未有的力度破坏农村农奴制和公社的残余。民粹派所引以为傲的俄国公社，正在被资本主义大范围摧毁。总之一句话，封建的俄国正在迅速变成资本主义的俄国。

紧接着，列宁指出，俄国城市和农村的工人此时已经接近一千万，工人反对资本家和反对专制制度的压迫日益明确。无产阶级势必成为革命的领导者。

可想而知，这部巨著的问世对民粹派的打击很大。自喀山参加革命活动以来，列宁逐渐摆脱民粹派的影响，从彼得堡开始，他同民粹派不间断地斗争。可以说，《俄国资本主义的发展》比列宁之前与民粹派的论辩、撰文批判的力度不是一个量级的，这是投向民粹派的"核弹"。出版这本书的编辑有幸亲身体会了这本书的畅销程度，这本书是春天出版的，尽管大批青年会在夏天过复活节前离开首都，但丝毫不影响销售，这本书还是很快售罄。读者抱着极大的兴趣来读这本书，读后成了推广者，主动向身边人推荐这本新出的著作。

《俄国资本主义的发展》是在马克思《资本论》第三卷问世 5 年后出版的。在《资本论》第三卷的序言中，恩格斯这样写道：

马克思为了写地租这一篇，在 19 世纪 70 年代曾进行了全新的专门研究。他对于俄国 1861 年"改

*

列宁照片，摄于 1897

革"以后不可避免地出现的关于土地所有权的统计资料及其他出版物——这是他的俄国友人以十分完整的形式提供给他的——曾经按照原文进行了多年的研究，并且作了摘录，打算在重新整理这一篇时使用。由于俄国的土地所有制和对农业生产者的剥削具有多种多样的形式，因此在地租这一篇中，俄国应该起在第一卷研究工业雇佣劳动时英国所起的那种作用。遗憾的是，马克思没有能够实现这个计划。

可以说，这个计划由列宁在《俄国资本主义的发展》中实现了。

第
八
章

"一个伟大的计划在这里诞生"

克鲁普斯卡娅是这样总结列宁的第二次流放生涯的："最初的时期多半是总结以前的工作。在流放的后半期多半是考虑未来的事情。"随着重获自由的时间逼近，列宁的精神越发紧张起来，他每天都在思考怎么把党从现在的处境中拯救出来，怎样把党的工作引入正轨，才能保证社会民主党对革命工作有正确的领导。关于建立一个无产阶级政党的伟大计划在这里诞生。

第一节　流放结束前夕

在流放时期，1898 年 3 月俄国社会民主党第一次代表大会在明斯克召开，列宁因正在流放而缺席宣告俄国社会民主党成立的大会。会上，列宁在缺席的情况下被选为党报编辑，并被大会委托起草党纲。列宁在被流放之前，在狱中就写了一份党的纲领草案，但地理条件的限制导致他写的党纲草案并没有提交到大会上去讨论。参加成立大会的代表有 9 人，他们来自彼得堡、莫斯科、基辅、《工作者》杂志和犹太社会主义组织"崩得"（立陶宛、波兰和俄罗斯犹太工人总同盟的简称，成立于 1897 年）。大会召开了，但是没有确定党纲，只发表了成立宣言和选出了 3 名中央委员。开会没几天，9 名代表中的 8 人都被捕入狱。

俄国社会民主党的成立标志着俄国社会民主主义运动向着广泛的斗争迈出了重要一步，也是最困难的一步。但这次代表大会的影响力很小，只是有了这个名称，并没有把全国各地分散的小组组织起来。或者说得更直接一点，虽然社会民主党有了成立大会，但俄国的建党任务并没有完成。俄国的社会民主主义组织，在列宁这一批革命者入狱和流放之后，只主张搞经济斗争拒绝政治斗争的"经济派"迅速膨胀，党实际上已经不存在了。当时，作为革命阵地之一的印刷所也都被捣毁，革命工作成了一盘散沙。一些工人受"经济派"的影响，甚至喊出了"我们工人不需要马克思和恩格斯们"。摆在列宁和战友面前，最重要的任务不是改造一个政党，而是建立一个统一的政党。

列宁为此经常失眠，整夜整夜地思考如何组织起全国的革命者、组织起全国的革命小组，让社会民主党能够成为领导的正确力量。为此，列宁的身体也消瘦下来，等到结束流放回到莫斯科与家人团聚的时候，妈妈一看到消瘦的列宁就心疼地哭起来。

1899 年的"五一"国际劳动节，这是列宁流放期间的最后一个劳动节。舒申斯克村流放的社会主义者十分重视这个劳动者的节日。这天一大早，流放工人普罗敏斯基换上干净的衣服笑呵呵来到列宁家，列宁和克鲁普斯卡娅连忙整理衣衫，牵着小狗"茬卡"，一行三人到了另一个流放工人恩格贝尔格家里一起过节。他们四个流放者一起唱起了一首振奋人心的歌：

> 五月那欢乐的一天来到了，
> 忧愁的影子躲开道！
> 高声唱起快活的歌儿！
> 我们罢工在今朝！
> 警察在卖力奔跑，
> 干的坏事真不少，
> 他们要抓住我们，
> 把我们投入监牢。
> 我们不理那一套，
> 勇敢庆祝五月的来到！
> 嗨哟——嗨哟！
> 齐心协力干得好！

他们用俄语唱完后，又用波兰语再唱，在房间唱完，又到田野间歌唱。晚上大家在列宁家继续庆祝。列宁丝毫不觉得疲惫，他在期待流放结束后，能够真正把自己脑中的计划落地，领导工人们进行一场"五一"的大游行集会。

1899 年 5 月 10 日，距离列宁流放到期还有半年的时间，警察突然闯进来，把家里翻了个底朝天。起因是正在流放的利亚霍夫斯基从维尔霍连斯科给列宁写信，寄信的收据在流放者左博宁处被宪兵搜到了。信的内容是商量给过世的费多谢耶夫立纪念碑。此外，信里还提到了新来的一批流放者和布朗斯克省的工人运动的情况。宪兵如临大敌，马上对列宁家搞了突击检查。但是他们无论怎么翻，都没找到什么有用的证据。列宁虽然远在西伯利亚，看上去在清苦的流放地过得淡然宁静，但是脑中多年练就的反监视的弦一直绷紧。他和克鲁普斯卡娅按照在彼得堡的斗争经验，将秘密文件和重要资料都单独存放在柜子最底下的隔板里。宪兵来搜查时，列宁十分配合地递给他一把椅子，宪兵站在椅子上从最上面的柜子开始搜查，一堆又一堆的统计资料把宪兵累得够呛，看来看去又看不出来有什么危险信息，等到搜到最底下一层时，宪兵已经失去耐心了，问询克鲁普斯卡娅那一堆纸都写的什么，得知只是一些教育类的书的时候，宪兵连看都没看。突击检查有惊无险，但是这个插曲让列宁增添了几分忧虑。希望流放结束之前，别再出什么幺蛾子了。

第二节　党纲的正确打开方式

建立无产阶级政党，不是把已有的党组织点点卯报个数；建立一支真正的全新的无产阶级政党，首先得有党纲。

1899 年，还在流放地的列宁收到了"经济派"代表人物写的名为《信条》的宣言。其中鼓吹，工人阶级还是要继续从事经济斗争，避免反对专制制度的政治斗争，美其名曰经济斗争是工人阶级的专属，政治斗争是资产阶级自由派的任务。前文介绍过，列宁已经在理论上"收拾"过"经济派"，但随着列宁等人的入狱、流放，相对安全无忧的"经济派"声势又大了起来。读完这个居心不良的《信条》，列宁火速动笔写就《俄国社会民主党人抗议书》，并提交给在米努辛斯克流放的全部社会民主主义者讨论。

1899 年 9 月 1～3 日，包括克鲁普斯卡娅在内的 17 个社会民主党人在一个村子里集合，详细讨论了《信条》，并在列宁的《抗议书》上签了名。在这份《抗议书》里，列宁确立了俄国社会民主党的几个原则。首先是要不要进行政治斗争的问题。列宁提出，认为经济斗争比政治斗争重要的想法是错误的，组织工人进行经济斗争很有必要，但是因为经济斗争而回避甚至放弃政治斗争，就是背弃世界各国民主主义运动的基本原则，就是离开了马克思主义关于社会主义革命的原则。其次是要不要有党纲的问题。有些党员认为当务之急是发展党在各地的组织力量，把更多精力放在从事宣传鼓动等具体工作上，等运动有了规模之后再定党纲也不迟。列宁指出，俄国社会民主运动从分散走向联合，运动本身就要求有党纲的引领，党纲应该表达党的基本主张，明确规定最近的政治任务，指出一些最迫切的要求，这样才能引领党的工作更进一步。可以说，这两个问题是摆在所有社会民主主义运动面前的原则性问题。

受"崩得"中央的邀请，列宁参与到他们机关报的编辑工作中，为此，列宁先后写了《我们的纲领》《我们的当前任务》《迫切的问题》三篇文章。在这些文章里，列宁的建党思想有了基本的轮廓。列宁制定的党纲草案包括三个部分，一是阐述了党的基本理论，指明工人阶级在现代社会中的地位、工人同工厂主斗争的意义和工人阶级在俄国的政治地位；二是阐述了党的任务；三是党的基本要求，包括改革的要求、工人阶级的要求、农民的要求等。其中，俄国社会民主党的任务是"双肩挑"，既要挑起社会主义属性的任务，也要挑起民主主义属性的任务。这两个任务有什么关系呢？社会主义属性的任务是以反对资产阶级为目标，最终是要推翻资本主义制度，建设社会主义；民主主义属性的任务是以反对专制制度为目标的，争取政治自由，使社会制度和政治制度民主化。两种任务"一个都不能少"，而且要相互助力。

第三节　建党，出发！

党纲的准备工作为建立无产阶级政党做了理论准备，创办《火星报》则是建立无产阶级政党的实践行动。

经过长久的思索和酝酿，流放结束前，列宁已经明确了建党的计划——办报建党。在沙皇专制统治下，在俄国公开建立一个合法政党是不可能了，那就要去国外。在国外，怎么能联系起俄国国内外的同志和党小组呢？——创办一份党的机关报。列宁对当时俄国社会民主党的现状和困境看得很清楚，把它概括为"地方工作的狭隘性和手工作坊式"。

由于手工作坊式的党组织运行方式，工人不能充分意识到全国工人的利益的共同性，这样就没办法实现既反专制制度又反资本主义制度的"双肩挑"任务目标；已经发生的工人运动都表现为某某地方某某区域的行动，压根看不到共同行动的可能，这样就失去了工人运动作为一个阶级行动的重要价值；也因为手工作坊式的问题，同志们对理论问题和实际问题的很多看法都不能有个中央机关报作为平台公开讨论。解决这些问题，需要一个能正常出版的、能同各地方小组建立密切联系的党的机关报。如果不能实现这个前提，所谓建了党，也只是建了个空架子。随着思考的深入，列宁经常失眠，一个伟大计划的酝酿和落地，考验胆魄，更考验决心。

1900年2月10日，列宁的第二次流放期满，当地警察比列宁还开心，觉得总算可以送走这个增加自己工作量的"危险人物"了，心情愉快的警察破天荒地同意不盯着列宁和妻子的归程，让他们自费前往乌法——克鲁普斯卡娅原定的流放地。

与村民告别之后，列宁和妻子到了米努辛斯克，所有当地的流放者聚集在这里为列宁送行，列宁和马上也要和他一样结束流放的同志一起商量怎么进行后续的工作，还和那些继续流放的同志安排好怎么进行联络。归程开启，列宁和克鲁普斯卡娅归心似箭，乘着马拉雪橇的两人沿着千里冰封的叶尼塞河疾行，终获自由的列宁甚至顾不上穿毛大衣，兴奋的心情让他一点都不觉得冷。

两人日夜兼程跑了300多俄里后换乘火车，在2月18日到达乌法。原本列宁的妈妈向警局递交了申请，请求准许还有一年流放期的克鲁普斯卡娅在最后一年与列宁同住在莫斯科，警察驳回了她的请求，克鲁普斯卡娅只能继续在乌法完成她最后一年的流放。纵有万般不舍，克鲁普斯卡娅很清楚列宁为了这个伟大的建党计划筹谋已久，儿女情长不应成为影响革命事业的因素。她没说一句舍不得的话，两人挥挥手，约定在不久的以后团聚。

从乌法返回莫斯科的途中，列宁的同伴"惊喜"到来——弟弟德米特里从波尔多斯克站上车，和列宁会合了。原来德米特里被判流放到波尔多斯克受警察公开监视。他抓住失去自由前仅有的间隔期和重获自由的哥哥见一面。回到位于莫斯科郊区的家中，最高兴的莫过于妈妈玛丽亚。看到消瘦的儿子，白发苍苍的老人忍不住泪流满面。

在莫斯科停留的这几天里，列宁忙得脚打后脑勺。当地和外地的一些马克思主义者纷纷来看望他，他还见到了社会民主党叶卡特琳诺斯科夫委员会和《南方工人报》的代表拉拉扬茨。列宁和拉拉扬茨讨论的问题很多，每一个单拎出来都是重磅的，比如召开俄国社会民主党第二次代表大会的问题，出版党的机关报的问题等。虽然母亲、姐姐等家人都在莫斯科，但是列宁不能在莫斯科继续停留。当时沙皇政府规定，流放回来的人在 3 年之内，一不许住在莫斯科和彼得堡，二不许住在有大学的城市，三不许住在那些经常发生工人运动的工业城市和工业区。尤其第三条，当时工人运动在俄国蓬勃发展，几乎绝大多数城市都兴起了工人运动，这个规定无疑是把流放者能选择的城市居住地限制在了很小的范围里。列宁与被流放的波特列索夫、马尔托夫提前约好，流放结束后到距离圣彼得堡不远的普斯科夫小城居住，既符合沙皇政府的要求又便于去彼得堡开展工作。

不久后，结束流放的波特列索夫和马尔托夫与列宁会合。他们"铁三角"详细地讨论了办报的具体方案，商议决定由波特列索夫先出国为出版机关报和杂志做技术准备，把他们商定的"编辑报声明"带给"劳动解放社"。暂时留在俄国国内的列宁设法与各地的党小组取得联系，四处奔走，每到一地，每见到一个社会民主党人，都约定好后续联络的方式，商定报纸的发行准备工作并邀请他们写稿等。短短的时间内，列宁先后跟下新城、彼得堡、乌法、莫斯科、普斯科夫和叶卡特琳诺斯科夫等城市的党小组都建立起了联系。

国内各方面工作已经准备就绪，是时候出国办报建党了。列宁向警方提交了出国申请，申请破天荒地很快被批准了。5 月 18 日，列宁顺利拿到了护照。6 月 1 日，列宁与马尔托夫带着一箱子书还有一千多卢布的现金，以及出国后要和"劳动解放社"联系的秘密地址，秘密

*

1900 年 12 月发行的《火星报》

前往彼得堡。

为了不被发现，他们特意没有坐直达的列车，而是选了在皇村站换乘的车，没有想到的是，正好撞在了枪口上。原来此时沙皇住在皇村，密探集中驻扎在那里，列宁的行踪一下子就被密探发现了。到达皇村的第二天清晨，列宁刚推开门，就有两个男子二话不说死死扭住他的胳膊，把他推进了等候多时的马车里，列宁就这样被押到了市政厅。马尔托夫也没有幸免。警察对他们进行了详细搜查。当搜到箱子里面的时候，列宁的心悬到了嗓子眼。因为里面有一张写着出国联系的秘密地址的信笺，看上去是乱七八糟的账单，实际上秘密地址的信息是用化学墨水写的，一般情况下看不出来，但是时间长了就会显形。一旦被发现，酝酿已久的办报计划有可能要夭折。所幸警察没有发现端倪，把行李箱还给了他们。

警察并不知道列宁要出国的计划，他们以列宁未经允许擅自进入彼得堡的理由关了列宁几天，然后把他押解到彼得堡附近的波多尔斯克县。押到这里的原因是，这年春天列宁的全家搬到了波多尔斯克县。这几天，列宁与家人相处，毕竟彼此都知道列宁很快要出国，团聚的时间总是过得这么快。出国之前，列宁和妈妈、姐姐还一起去探望克鲁普斯卡娅。这次，他们乘船去乌法。6月的伏尔加河，宽广的河面让人心旷神怡，心中充满对未来期待的列宁在甲板上眺望着两岸望不到尽头的森林，夜晚，旅客都睡熟了，列宁和姐姐兴奋地畅谈办报的计划。他告诉安娜，报纸定名《火星报》。

客舱里熟睡的旅客们那时候并不知晓，这个年轻人所说的"火星"，将燃成一片烈火，在不久的未来，烧毁了俄国的沙皇专制统治，俄国革命进入全新的时代。

第
九
章

"没有革命的理论也就不可能有革命的运动"

30 岁的列宁再次出国，领导创办了党的机关报《火星报》，开创了办报建党的全新形式。他积极组织召开党的第二次代表大会，坚守无产阶级革命立场。俄国社会民主党因党章、党纲和组织原则等重大问题产生严重分歧，分裂为布尔什维克与孟什维克。列宁在极端困难的条件下领导布尔什维克进行了坚决的斗争。《怎么办？》和《进一步，退两步》两篇传世巨著应运而生，成为建立新型无产阶级政党的理论基础。1905 年，俄国第一次资产阶级民主革命开始，列宁在日内瓦的工作更加繁忙。他主编党的机关报，与国内的革命同志保持紧密联系，指导他们正确开展革命工作，阐明布尔什维克的革命策略，为以后回国领导布尔什维克开展革命领导工作做好了准备。

第一节　行看星星之火，燃成熊熊烈焰

在国内召开党的代表大会和出版机关报的计划失败后，列宁克服种种困难，在1900年7月29日这天启程出国。他要通过出版一份全俄国性质的政治报纸把俄国的革命者联合起来，用办报的方式建一支革命性的政党，这是石破天惊的建党方式。

同列宁一起办报的有两人：波特列索夫和马尔托夫。三个年轻人曾经一起经历流放岁月，早在流放西伯利亚时就有了共同办报的想法。珠联璧合的三人相约一同出国。这一年，波特列索夫31岁，列宁30岁，马尔托夫27岁。列宁取道奥地利来到了瑞士日内瓦，为了同劳动解放社的领导人进一步商讨出版报纸和杂志的组织和纲领问题。显然，在日内瓦的协商难度超出了三个年轻人的预期。老资格的普列汉诺夫和阿克雪里罗德摆出了领导的架子，商谈过程中始终在怀疑列宁他们的想法，提出来报纸由劳动解放社直接领导，并且在瑞士找个地方出版。实际上，劳动解放社的领导者们年龄大了，身体普遍都不太好，加上远离俄国很多年，并不了解俄国国内的情势进展，但架不住他们有资历、有威望，言谈之间的那种长辈对晚辈的颐指气使不自觉就表露出来。列宁很清楚，要创办俄国的革命机关报，有必要和老一辈的俄国马克思主义者，尤其是普列汉诺夫这样公认的马克思主义先驱合作，但不能对他们言听计从。列宁三人坚持把《火星报》的编辑部放在他们暂时定居的德国，而不是劳动解放社所在的瑞士。冲突摆在

了明面上。面对列宁三人停止合作的坚决态度，普列汉诺夫最终只好让步。1900年秋天，《火星报》编辑部总算成立。普列汉诺夫、阿克雪里罗德、查苏利奇、列宁、马尔托夫和波特列索夫的"三老三新"组合成编辑部，但是只有普列汉诺夫有两个表决权，其他人只有一个。编辑部设在慕尼黑，报纸定在德国出版。

　　列宁一行于9月7日到达慕尼黑，用隐姓埋名的方式秘密开展报纸的出版发行工作。定主题、组稿、找印刷地点、购买俄文铅字……住在简陋出租屋的列宁将全部精力投入工作中。1900年12月24日，俄国工人阶级期盼已久的《火星报》正式出版了。醒目的题词让读者一看便心潮激荡："行看星星之火，燃成熊熊烈焰。"这曾是俄国的十二月党人赋诗给诗人普希金的一句名言。紧接着，1901年春天，《曙光》杂志的创刊号也问世了。

　　《火星报》在柏林、巴黎、瑞士和比利时设有代办员，利用各种方式找到合适的人手将报纸带回俄国国内。相应地，俄国国内也成立了代办员组织，列宁出国前在普列科夫以及其他地方建立起来的秘密联络基地就成了报纸在国内的分发站点。通过这些分发站点，《火星报》得以分送到俄国工人手中。当时的《火星报》用小字密排，印刷在很薄的葱皮纸上，目的是方便秘密传递。每期印刷几千份，有的通过信件或者夹在厚书里邮寄，更多的是存放在手提包的夹层里，由人带回。甚至开发出这样一条绝妙的运送渠道——把报纸用油布卷起来，交给外国轮船的水手，到了俄国附近，把这些包好的报纸扔到大海里约定的位置，再由同志打捞上来在国内分发。

1901 年春，克鲁普斯卡娅流放期满，辗转来到慕尼黑与列宁团聚。后来她被编辑部安排担任《火星报》编辑部秘书，承担起了繁杂的联系和组织工作。

《火星报》的出版具有重大意义。列宁对《火星报》寄予厚望，他比喻《火星报》就像建筑物四周的脚手架一样，有了这个报纸能将党架构起来。事实上，《火星报》确实起到了联系革命者、统一思想的作用。《火星报》的出版，教育和培养了一代革命战士。各地的先进分子逐渐团结到了《火星报》周围，组成了坚定的火星派，随后火星派为党的二大的召开打好了基础。列宁由于实际上领导着编辑部，清楚地掌握着全党的活动情况，从而确立了在全党的领袖地位。

在慕尼黑，为了保险起见，列宁他们很少与德国的同志见面，只见过几次住在附近的帕尔乌斯，还在帕尔乌斯那见过一次罗莎·卢森堡。编辑部集中精力办报，很少参与到德国当地的社会生活中。但是无论再低调、再保密，警方还是注意到了《火星报》。印刷厂的老板不愿再冒风险，到这时，必须寻找到新的落脚点了。列宁和同志们迁往英国伦敦，继续编辑出版《火星报》和《曙光》杂志。编辑部的波特列索夫到达伦敦不到一个星期，得了肺病，显然雾都伦敦不适合他养病，不得不到外地治病去了；普列汉诺夫只来了一段时间也不干活走人了，阿克雪里罗德压根一次都没来过，于是，《火星报》编辑部只有列宁、马尔托夫、查苏利奇和克鲁普斯卡娅在伦敦工作。与他们一起并肩作战的还有社会民主党人阿列克谢耶夫。

1903 年 5 月，编辑部发生了严重的意见分歧，普列汉诺夫等人提出要把编辑部迁到日内瓦，讨论这一问题时只有列宁投了反对票。列宁能怎么办？只能迁移。为此他被气出病来，得了胸神经和背神经末梢炎，身上长满疹子。和妻子、岳母搬到日内瓦的一个狭小公寓后，列宁病了两个星期才好转。编辑部搬到日内瓦后，已经潜藏已久的矛盾进一步加深。

第二节　在党的第二次代表大会上

在伦敦，《火星报》加紧筹备党的第二次代表大会。1902 年 8 月，列宁领导召开了在伦敦的筹备会议，各地的火星派齐聚伦敦，组成了筹备第二次代表大会的组织委员会的火星派核心，并拟定了代表大会前的各组织活动的策略方针。9 月，在普斯科夫成立了负责筹备俄国社会民主党第二次代表大会的组织委员会。此前，波特列索夫因得了肺病搬离了伦敦；马尔托夫受不了伦敦的隐居生活，一到热闹的巴黎就不想走了；劳动解放社派出了老社员捷伊奇，负责和俄国国内的组织联系，但他多年脱离俄国，很快就显示出并不能承担这份工作，他也出走巴黎了。因此，正如克鲁普斯卡娅所看到的："组织委员会在组织代表大会方面的联系工作，实际上全落在弗拉基米尔·伊里奇的肩上。"

《火星报》是为了创建先进的无产阶级政党而生的。同一时期，俄国的经济派对建党工作产生了极大的干扰。在国内，他们出版《工人思想报》，在国外出版

《工人事业》杂志，宣扬工人应该完全关注经济斗争，争取经济利益。1902年3月，经济派甚至在波兰筹办俄国社会民主党各委员会和组织代表会议，企图把这个会改成党的第二次代表大会，想靠着这个偷换名目来削减《火星报》日益扩大的影响力，巩固自己在党内的地位。由于火星派的坚决反对，经济派的企图才没有得逞。要创建一个革命的无产阶级政党，粉碎经济派迫在眉睫。

早在侨居慕尼黑的时候，列宁就开始写作《怎么办？》一书，矛头直指党内的经济派尤其是《工人事业》杂志的观点。针对经济派的自发主义，列宁写出了名言："没有革命的理论，也就不可能有革命的行动。在醉心于最狭隘的实际活动的偏向同机会主义的时髦宣传密切融合的情况下，必须始终坚持这种思想。……只有以先进理论为指南的党，才能实现先进战士的作用。"列宁强调，凡是鼓吹工人应该只关心经济斗争而不要干预政治的人，都是在贬低和削弱工人阶级运动。工人政党尤其要保持清醒，重视理论，在无产阶级自发的斗争中提高无产阶级的觉悟并把无产阶级组织起来，而不要做无产阶级运动的尾巴。这就是著名的"尾巴主义"的提出，可以说，"尾巴主义"是对一切机会主义最犀利的特点总结。按照经济派的想法，社会民主党只能做无产阶级运动的尾巴，而显然先进的革命的无产阶级政党要做先锋队，要领导无产阶级前进才符合党的性质。

《怎么办？》一书，无异于一枚投向经济派的炸弹。实际上构成了俄国建立无产阶级政党的思想基础。

《火星报》编辑部迁到日内瓦后，列宁夜以继日筹备党的第二次代表大会。各地出席代表大会的代表陆续抵达。列宁和这些代表谈话、交流和协商，讨论的内容涵盖党的大会议程、党纲草案、党章草案、如何对待小资产阶级崩得分子等方方面面。代表们还和列宁交流国内的情况。通过这些接触，列宁在心里也在评估这些代表分别持有什么立场，预估投票结果火星派能拿到多少支持票，反对的有多少票，动摇的又有多少票。来到日内瓦的代表都特别想见一下传说中的普列汉诺夫。但是，真的见到偶像很容易幻想破灭。普列汉诺夫的学识和资历确实让慕名拜访的工人代表大受震撼，但稍加深入交流就发现，偶像还是远观的好。由于长久离开俄国，普列汉诺夫已经跟不上俄国国内工人运动的发展了，工人代表们向他介绍国内的无产阶级运动情况，换来的都是他的严重怀疑；工人代表们向他坦露自己的设想和疑惑，他往往无从回答；而当工人代表不同意他的一些判断的时候，他还摆起老资格："在你爸爸追求你妈妈的时候，我普列汉诺夫就是一个正统的马克思主义者了。"反而和列宁打交道，让工人代表们更有收获。

1903 年 7 月 30 日凌晨 2 时 55 分，代表 26 个社会民主党组织的 57 位代表步入设置在布鲁塞尔的会场，其中 43 位有表决权，其余 14 位有发言权。普列汉诺夫致开幕词，庄严宣布俄国社会民主党第二次代表大会开始。列宁是俄国社会民主党国外同盟推选出的党代表，拥有两个投票权。大会的召开让列宁无比激动，几年来他殚精竭虑，为第二次代表大会的召开费尽心血。大会一直开到 8 月 6 号，随着大批俄国人的到来，比利时当地的警察察觉到了。大会被迫转移到伦敦继续召开。前后一共开了37场会议，直到8月下旬大会闭幕。出席大会的代表除了坚定的火星派，还有小资产阶级的崩得分子、经济派和摇摆不定的"泥潭派"。这样的构成，注定了这次大会在讨论所有原则性的问题时都不可能一帆风顺。

讨论党纲时，冲突出现了。列宁坚持在党纲中写进无产阶级专政的条文，但阿基诺夫等人和马尔托夫派坚决反对，普列汉诺夫在这个问题上支持列宁。最终，依靠普列汉诺夫的支持，会议通过了这个国际共产主义运动史上第一个写入"无产阶级专政"的党纲。

讨论党章时，围绕第一条的讨论就出现了重大分歧。"加入党组织对党员有什么要求？"列宁在起草党纲时对这个问题就高度重视。他强调作为党员，不仅要承认党纲，为党组织发展出力，而且本人必须明确加入党的一个组织。读到这里，读者朋友们可能一头雾水：这不是理所应当的吗？实际上，我们认为加入党的组织理所应当是因为我们党是受列宁的建党原则理念指导而形成的。如果按照马尔托夫的想法，这一条不需要！是不是匪夷所思？看看马尔托夫当时怎么说的。在列宁提出党员必须加入党的一个组织才算数的时候，马尔托夫等不及列宁发言完毕，就站起来气冲冲地打断列宁，他说，党员只要承认党纲并且以某种方式帮助党就够了，不需要强调是党内某一组织的成员。列宁和马尔托夫的分歧实质上是建设一个怎样的党的原则性的重大分歧。一边是建设一个严格组织性纪律性的党组织，一边是松散的成员出身、立场宽泛的党组织。列宁针锋相对地指出，马尔托夫等人的想法会给一切动摇涣散的机会主义分子敞开大门，振臂疾呼：宁可十个实际工作者不自称党员，也不让一个空谈家有权利和机会做一名党员。到了表态的时候了，《火星报》编委里，只有普列汉诺夫支持列宁，其余三人支持马尔托夫。崩得分子和经济派分子也支持马尔托夫。最终，马尔托夫的意见以 28 票赞成、22 票反对和 1 票弃权通过。

但是，戏剧性的一幕上演了。原来获得多数支持的马尔托夫派逆转成了少数。这是怎么发生的呢？

我们需要回到参加这次大会的成员构成上。代表小手工业者的犹太工人团体崩得提出了一个要求：不管什么地方的犹太工人入党，都要通过他们自己的犹太团体崩得。即直接加入社会民主党不算，只能加入崩得再申请入党。说白了，崩得分子想保持自己的独立性，只愿意跟俄国社会民主党建立联邦制的关系。这显然和建立一个全国统一的无产阶级革命政党相悖，其他代表断然拒绝，崩得分子怒气冲冲地退出了大会。再来说经济派。经济派要求代表大会承认他们在国外的组织为党的国外代表机构，这个无理要求也被大会拒绝。《工人事业》的代表也退出大会表达抗议。形势发生了逆转。本来在党章问题上表决支持马尔托夫观点的代表有 7 人现在退出了大会，拥护列宁的一下子成了多数，马尔托夫一边成了少数。这就是"布尔什维克"（俄语多数派）和"孟什维克"（俄语少数派）的由来。

俄国社会民主党第二次代表大会作为一个建党大会载入史册，虽然成员构成复杂，过程曲折，但在国际共运史上第一次写进了无产阶级专政和民主集中制原则。在大会上，火星派战胜了形形色色的机会主义派别，推动了俄国内外马克思主义组织的统一进度。也是在这次大会上，火星派分裂为布尔什维克和孟什维克，以列宁为首的布尔什维克正式登上俄国革命的历史舞台，在俄国革命的未来发展中开始显现深刻的影响。

第三节 一个响亮的名字——布尔什维克

俄国社会民主党第二次代表大会分裂产生了布尔什维克和孟什维克，这也是俄国社会民主主义运动走向分裂的开始。第二次代表大会接受了列宁的建议，改组《火星报》编辑部，将原来的六人编委会改为三人组的新编委会。大会选举了普列汉诺夫、列宁和马尔托夫成为新的编委。马尔托夫拒绝参加新的《火星报》编委，列宁委托好几个同志和马尔托夫谈谈话，劝说他放下芥蒂加入编辑部。大会之后，列宁回到日内瓦。国内外很多革命者不了解大会为什么发生了这么多的斗争，有的登门拜访，有的来信询问，都很好奇为什么组织发生了这样的分裂。那时候，不少革命者十分同情孟什维克，尤其是同情《火星报》几位落选的原编委。孟什维克趁机敲边鼓，导致从前支持和帮助列宁他们的很多人，在物质资源、接头地点等方面都"断供"了。这些不再资助党组织的人不希望党组织发生分裂，在孟什维克的鼓动之下误以为责任都在于布尔什维克的"瞎折腾"。孟什维克趁机开始破坏大会决议，即将在日内瓦召开的俄国社会民主党国外同盟的第二次代表大会成了他们要大肆利用的契机。

俄国社会民主党国外同盟是在列宁的倡导下于1901年10月成立的，实际上是《火星报》组织的国外机构。党的二大确立其为党在国外的唯一组织，在党中央的领导和监督下工作，具有党章规定的一个委员会的职权。二大开完之后，大部分布尔什维克都回到俄国国内开展工作，孟什维克的代表留在国外的相对多一些。他们趁机鼓动召开此次国外同盟的二大，列宁则坚决反对，因为党的二大已经把相关职权和开展工作的内容规定清楚了。但多数的孟什维克积极活动，国外同盟的二大还是提上了议程。

国外同盟二大召开前夕，列宁骑自行车时光顾着思考问题，没有注意路况，撞到了电车上，脸部受伤严重。但列宁还是缠着绷带参加了这次国外同盟的二大。会上，孟什维克疯狂攻击布尔什维克，气得布尔什维克的党员代表愤而离会。布尔什维克党员们定在晚上在兰多尔特咖啡馆集会商量以后的行动方针。此前在俄国社会民主党第二次代表大会支持布尔什维克的普列汉诺夫神情忧郁地姗姗来迟，面对孟什维克的闹腾和党组织的分裂，作为党的总委员会主席的他这次为了维护党的统一而退让了。普列汉诺夫的退让让在场的布尔什维克党员们震惊得说不出话来，列宁更是脸色苍白。形势急转直下。

第二天晚上，列宁拟好了他个人退出《火星报》编辑部的声明，他退出编辑部但并不拒绝继续为组织撰稿，甚至在声明里提出可以不公布他退出编辑部的消息。列宁全力避免对革命斗争形势的损伤，但普列汉诺夫并没有停止他和稀泥的工作方式，他召回了以前的所有编委，自此《火星报》从第53号开始成为孟什维克控制的报纸。列宁退出报纸的编辑部后到中央委员会工作，寄希望于在这个新的阵地同孟什维克斗争，然而，退出编辑部，实际上就彻底失去了《火星报》这一舆论阵地。一时之间，布尔什维克的处境被动且艰难。

列宁在补选为中央委员后，给《火星报》编辑部写了一封公开信，名称是《我为什么退出了〈火星报〉编辑部》，但《火星报》拒绝刊发。列宁以中央委员会主席的身份参加总委员会，普列汉诺夫、马尔托夫和阿克雪里罗德在总委员会占据绝对优势，在他们的主张下，总委员会通过了增选孟什维克到中央委员会的决议。这下子，总委员会也为孟什维克所把持。形势越发不利，中央委员会的一些同志也开始出现动摇，在列宁缺席的情况下通过了决议，委派调和分子诺斯科夫代替列宁出任中央委员会国外代表，只安排列宁担任中央委员会的出版物的负责人。列宁毅然退出中央委员会。

到这时，布尔什维克失去了在党的所有重要机构中的优势。与孟什维克的斗争，也引发他和昔日的革命战友马尔托夫的决裂，还有和像自己的导师一样的前辈普列汉诺夫的决裂。列宁是痛心的，回首昔日编辑部并肩作战的时光，列宁忍不住心酸。但立场不容调和，私人感情无法弥合立场和理念的裂缝。

派别的斗争呈现在舆论上。记者出身的马尔托夫发表了《戒严状态》一文，用他辛辣的笔调谩骂列宁；党的二大上的西伯利亚联合会代表托洛茨基也火速写了一份《西伯利亚代表团报告书》，攻击列宁搞专制，说普列汉诺夫就是列宁的走狗。列宁发起了有力的回击，经典著作《进一步，退两步》就是回击孟什维克的责难，对党的二大以来的斗争做深刻的理论总结的成果。在《进一步，退两步》中，列宁指出党是工人阶级先进的有觉悟的部队，不能把党和整个阶级混淆，抹杀先进部队与所有的群众之间的区别是不可取的。党高于群众，但不能脱离群众。党必须按照一定的组织原则组织起来。组织是无产阶级争取解放的必要和唯一的武器。党不是一般的组织，是工人阶级组织的最高形式，领导工人阶级其他一切组织。党员必须遵守统一的纪律，无论是普通党员还是领导干部都要严格遵守党纪。《进一步，退两步》从理论上可以说是《怎么办？》的续篇，共同构成了建立新型无产阶级政党的光辉篇目。

可想而知，孟什维克必然疯狂攻击《进一步，退两步》。普列汉诺夫要求中央委员会跟这本著作划清界限，中央委员会的调和派试图阻挠其出版和传播。但这本书仍然突破重重阻碍在工人中迅速传播开来，起到了团结和武装布尔什维克的重要作用。

马尔托夫在《火星报》上发表了《前进还是后退》一文，批判列宁的《进一步，退两步》，该文的副标题是"代悼词"，因为马尔托夫断言列宁的政治生命已经结束。确实，这时的列宁处于艰难的境地。在工作上接连失去了重要的阵地，也让列宁身体状况出现了问题。长时间的精神紧绷状态太损害身体了，列宁于是决定和妻子背上行囊在山里徒步了一个月。山坡上的皑皑白雪，湖面的碧波荡漾，大自然慷慨的美景暂时治愈了列宁高度紧张的精神状态。布尔什维克和孟什维克的斗争不仅仅局限在国外同盟，在国内也开展起来。国内的许多地方党的委员会在了解二大的报告的基础上一个个站到了布尔什维克这边来，这让列宁他们增添了斗争的信心和勇气。与此同时，在日内瓦的布尔什维克每周开一次茶话会，在聚会的场合列宁见识到了国内来到日内瓦的工人代表们的斗志和活力，他们豪迈的气概和淳朴的热情让列宁心头的阴郁一扫而空。列宁意识到，奉行和稀泥原则的中央委员会是指望不上了，必须依靠国内的布尔什维克力量来开展工作。不要轻易言弃，这段挫折和克服挫折的经历对于列宁的政治成长有重要意义。

1904 年秋，列宁在日内瓦发起了由 22 个布尔什维克参加的会议，这次会议通过了列宁起草的《告全党书》，直言党的统一已经遭到严重破坏，党内斗争已经超出了党的组织范围，要求立即召开党的第三次代表大会，这是摆脱当前危机的唯一办法。紧接着，在列宁的倡议下，俄国国内成立了布尔什维克委员会常务局，开始筹备党的第三次代表大会。

筹备工作举步维艰。没有舆论阵地，失去组织阵地，筹备大会谈何容易。列宁开始筹划出版一个新的党报，为此他和波格丹诺夫等人聚集商议工作计划。波格丹诺夫是一个很有领导才能的人，与国内联系密切。最终在他们的努力下，1905 年 1 月，创办了布尔什维克自己的机关报《前进报》。《前进报》后来成为领导国内的布尔什维克各地下组织的重要阵地，在争取召开党的第三次代表大会和同孟什维克的斗争中都起了关键作用。

除了在俄国范围内要与孟什维克做斗争，布尔什维克还要承担来自第二国际的压力。俄国社会民主党是第二国际的成员党，第二国际的领导人对俄国党内的分裂十分在意，但是当时第二国际的领导人大多站在孟什维克一边。第二国际的领袖人物考茨基公开说，如果是他当时参加大会，他一定投票支持马尔托夫；德国社会民主党领袖倍倍尔也认为，俄国社会民主党的分裂是列宁搞宗派、闹分裂的缘故；甚至第二国际的左派，著名的理论家和革命家罗莎·卢森堡也以为俄国社会民主党的分裂主要责任在列宁。列宁为答复罗莎·卢森堡关于党的组织策略问题，专门写了文章《俄国社会民主党的组织问题》，但受考茨基领导的第二国际代表刊物《新时代》拒绝发表。德国社会民主党几乎所有的报刊一边倒地支持马尔托夫，说列宁在搞"极端集中制"。在几乎全世界都在指责自己的时候，我们是否会动摇自己所坚持的？我想，列宁是我们的榜样。他顶住了第二国际作为领导组织的指责和干预，代表布尔什维克拒绝了倍倍尔组织一个仲裁委员会来调停的提议，坚持只有俄国社会民主党的第三次代表大会才有权决定俄国党组织的问题。

第四节　世纪之初的革命风暴

1904 年，俄国和日本在中国的领土上爆发战争，这是一场沙皇帝国与新兴的日本帝国为瓜分中国东北和朝鲜而进行的帝国主义战争。沙皇政府本来指望通过军事上的成功转移国内日益加剧的矛盾，结果惨败，成了内战的导火索。人民积攒已久的对专制制度的不满被激发出来，12月，巴库发生大罢工，紧接着，彼得堡的普提洛夫工厂发生大罢工，很快罢工浪潮蔓延到首都所有工厂，彼得堡发展成了全城总罢工。

1905年1月22日这个星期天，彼得堡15万工人群众抬着沙皇照片，举着教堂旗帜，唱着赞美诗列队前往冬宫。游行的工人群众向沙皇提交了请愿书，要求言论出版自由、八小时工作制和土地归农民所有。沙皇政府面对声势浩大的和平请愿，慌了，出动军队对着人群扫射，后又派出骑兵冲击人群，用马刀砍杀手无寸铁的工人群众。游行人群的鲜血染红了彼得堡街头，不少参与游行的布尔什维克也惨遭杀害。人们把这一事件称为"流血星期日"。

沙皇政府的屠杀没有得到沉寂的静默，工人们从血的教训中幡然醒悟，不能再对"慈父般的沙皇"抱有任何幻想，沙皇军队的刺刀和子弹让工人明白和平请愿实现不了愿望，夜幕降临，各个工业区的工人迅速动员起来，竭尽全力在街上筑起武装自卫的堡垒。俄国历史上第一次资产阶级民主革命开始了。

第二天早晨，列宁和妻子在去图书馆的路上遇见了着急去找他们会合的卢那察尔斯基和卢那查尔斯卡娅，从他们那得知了国内的"流血星期日"事件。于是他们马上改道去勒柏辛斯基和勒柏辛斯卡娅的侨民食堂，这是居住在日内瓦的布尔什维克的集合点。大家迅速交换能够获得的信息。列宁立即在新创办的机关报《前进报》上组织报道"流血星期日"事件专栏。在不到 10 天的时间里，列宁奋笔疾书写下十多篇文章，报道和评论彼得堡的事件。远离俄国的列宁，和流亡在外的侨民一样，密切关注俄国的每一条消息，《日内瓦论坛报》的每一页报道都不能落下，生怕错过了国内的进展。侨居海外的这些革命者，一直在等待革命，向往革命。国内风暴的风，吹到了日内瓦，大家仿佛告别了一个黑暗的梦境，睁开眼睛看到的是一片崭新的、明亮的天。人们终于认识到：革命已经开始，新的时代就要到来。

第五节　两种策略的较量

　　面对反动沙皇政府的屠杀，列宁判定俄国的起义即将到来。在"流血星期日"事件不久后，列宁在《俄国革命的开始》中号召布尔什维克要为武装起义做好准备。在列宁的领导下，布尔什维克成立了战斗技术小组，中央委员会领导这个小组。此外，彼得堡还成立了战斗委员会，但这个委员会开展工作进程缓慢。列宁立即敦促："在这种事情上，各种方案以及关于战斗委员会的职责和权利的争辩和谈论是最没有用处的。这里需要的是炽热的活动能力和更多的活动能力。……先生们，到青年中去吧！这是唯一的拯救一切的办法。"列宁号召俄国社会民主党去组织斗争，去武装群众，1905 年的彼得堡事件充分表明，俄国无产阶级有着巨大的革命潜力。但是，这次运动竟然是由一个牧师领头，有力地说明俄国社会民主党组织工作的薄弱，全党要从言论转到行动上，不能做行动的矮子。

远在国外的布尔什维克时刻关注国内革命形势的进展。布尔什维克一直在筹备俄国社会民主党的第三次代表大会，最初是为了解决布尔什维克和孟什维克的分裂，现在随着革命形势的变化，又有了很多新的问题需要解决，召开党的三大迫在眉睫。1905 年 4 月 25 日，在伦敦召开了俄国社会民主党第三次代表大会。列宁提议向所有党组织都发出邀请，但孟什维克没有参会，这次大会是布尔什维克的代表大会。党的三大修改了二大的党章，通过了列宁制定的党章第一条，即每一个党员都要参加党的一个组织。在代表大会上，列宁还主张吸收更多的工人参加党的委员会。会后，代表们一起参观了伦敦，专门到海格特公墓拜谒马克思墓，在返回途中经过巴黎时，代表们一起参谒了巴黎公社墙。

与此同时，孟什维克的 9 名代表在日内瓦也召开了会议，对一些重要问题形成了决议，我们不妨来看看。孟什维克代表会议认为：俄国资产阶级革命只能由资产阶级领导（言外之意，和无产阶级没什么关系）；资产阶级比农民进步，无产阶级应当支持资产阶级；社会民主党不应当领导武装起义；革命胜利的标志是推翻沙皇专制建立资产阶级临时政府或召开全民立宪会议；社会民主党不参加临时政府，始终作为一个反对党来开展工作。不难看出来，这是一条改良主义的政治路线。

为了阐明两派的分歧，列宁用一个月左右的时间写了《社会民主党在民主革命中的两种策略》。在 13 章

*

列宁照片，摄于 1914

的册子里，列宁完整提出俄国无产阶级的民主革命道路是什么。列宁提出，无产阶级在民主革命中要掌握领导权，无产阶级积极参加资产阶级革命并不代表要把革命的领导权让给资产阶级。无产阶级是最先进的阶级，有自己的独立政党，有更彻底的斗志和更强烈的革命意愿，这些都意味着无产阶级成为民主革命的领导者是有可能的。为了让这种可能变为现实，必须结成工农联盟，使农民从资产阶级的后备力量变成无产阶级的后备力量。列宁还指出，民主主义革命的前途是社会主义，民主主义革命胜利后，革命果实不是终点，而是应该立即向社会主义革命过渡，革命不能半途而废。

同孟什维克的较量还在继续，在斗争中，布尔什维克得到锻炼，变得更加团结和坚定。

结

语

1905 年 11 月 21 日，列宁回到了阔别 5 年多的彼得堡。5 年前，列宁还是一个年轻的鼓动家，还是一个寻求劳动解放社支持的办报人；5 年后，他已经成长为一个杰出的马克思主义者，成为布尔什维克的领导。昔日由他点亮的星星之火，终成燎原之势。俄国的革命运动发生了翻天覆地的变化。回国后的列宁投身到火热的革命中。

孟什维克占多数的中央委员会阴谋策划审判列宁，列宁在彼得堡委员会的支持下，揭露了孟什维克的阴谋，并向党的法庭提出反控诉，并在党的第五次代表大会上击溃孟什维克的机会主义路线。1907 年底，俄国暗探进一步加大了对列宁的搜捕力度，中央委员会派列宁再次出国组织出版机关报，列宁多次化险为夷，从芬兰经斯德哥尔摩抵达日内瓦，后又迁到巴黎，度过了一段艰难的时光。在革命低潮时期，党内出现了妄图取消党的右倾机会主义派别——取消派，和"左"倾机会主义派别——召回派。列宁与他们进行了坚决的斗争，并在哲学上击退了哲学修正主义，全面发展了马克思主义哲学。1908 年到 1912 年，革命形势再次高涨，列宁领导布尔什维克同取消派、召回派和托洛茨基的调和派进行了激烈的斗争，同时也和布尔什维克内的调和主义倾向做斗争。布尔什维克成长为坚强的党组织。列宁与妻子在 1912 年从巴黎搬到靠近俄国的克拉科夫，直接领导党的合法报纸《真理报》的出版工作。

1914 年夏天，第一次世界大战爆发。第二国际的领袖们大多背叛无产阶级革命事业，与本国资产阶级政府站在一边，支持侵略战争，变成社会沙文主义。列宁领导国际左派力量，与第二国际机会主义进行了艰苦卓绝的斗争。在第一次世界大战期间，列宁进行了卓越的理论研究工作，对帝国主义的认识达到新高度。

俄国发生二月革命后，列宁于1917年4月9日启程回国，成为万众瞩目的革命领导人。7月，发生了资产阶级反革命叛变事件，临时政府下令逮捕列宁，列宁立即隐藏起来，在那个后来世人皆知的拉兹里夫湖边的窝棚里领导了党的第六次代表大会，完成了《国家与革命》的长篇巨著。9月底，列宁提出立即举行武装起义，夺取政权，并制订了具体计划。在革命的紧要关头，列宁乔装返回首都彼得堡，直接领导武装起义，伴随十月革命的一声炮响，人类历史进入新纪元。

图书在版编目（CIP）数据

列宁：杰出人物的青少年时代 / 刘娜娜，崔珺涵著；张新主编 .
— 北京：中国青年出版社，2024.1
（杰出人物的青少年时代）
ISBN 978-7-5153-7107-8

Ⅰ . ①列… Ⅱ . ①刘… ②崔… ③张… Ⅲ . ①列宁 (Lenin, Vladimir
Ilich 1870-1924) − 生平事迹 Ⅳ . ① A731

中国国家版本馆 CIP 数据核字 (2023) 第 233093 号

总策划： 皮钧 陈章乐
责任编辑：彭岩
出版发行：中国青年出版社
社址：北京市东城区东四十二条 21 号
邮政编码： 100708
网址：www.cyp.com.cn
门市部：010-57350370
编辑部：010-57350407
印刷：北京科信印刷有限公司
经销：新华书店
开本：880 × 1230 1/32
印张：7
字数：150 千字
版次：2024 年 1 月北京第 1 版
印次：2024 年 1 月北京第 1 次印刷
定价：48.00 元

本图书如有印装质量问题，请凭购书发票与质检部联系调换
联系电话：（010）57350337